Gerechter Frieden

Reihe herausgegeben von
Ines-Jacqueline Werkner, Heidelberg, Deutschland
Sarah Jäger, Heidelberg, Deutschland

„Si vis pacem para pacem" (Wenn du den Frieden willst, bereite den Frieden vor.) – unter dieser Maxime steht das Leitbild des gerechten Friedens, das in Deutschland, aber auch in großen Teilen der ökumenischen Bewegung weltweit als friedensethischer Konsens gelten kann. Damit verbunden ist ein Perspektivenwechsel: Nicht mehr der Krieg, sondern der Frieden steht im Fokus des neuen Konzeptes. Dennoch bleibt die Frage nach der Anwendung von Waffengewalt auch für den gerechten Frieden virulent, gilt diese nach wie vor als Ultima Ratio. Das Paradigma des gerechten Friedens einschließlich der rechtserhaltenden Gewalt steht auch im Mittelpunkt der Friedensdenkschrift der Evangelischen Kirche in Deutschland (EKD) von 2007. Seitdem hat sich die politische Weltlage erheblich verändert; es stellen sich neue friedens- und sicherheitspolitische Anforderungen. Zudem fordern qualitativ neuartige Entwicklungen wie autonome Waffensysteme im Bereich der Rüstung oder auch der Cyberwar als eine neue Form der Kriegsführung die Friedensethik heraus. Damit ergibt sich die Notwendigkeit, Analysen fortzuführen, sie um neue Problemlagen zu erweitern sowie Konkretionen vorzunehmen. Im Rahmen eines dreijährigen Konsultationsprozesses, der vom Rat der EKD und der Evangelischen Friedensarbeit unterstützt und von der Evangelischen Seelsorge in der Bundeswehr gefördert wird, stellen sich vier interdisziplinär zusammengesetzte Arbeitsgruppen dieser Aufgabe. Die Reihe präsentiert die Ergebnisse dieses Prozesses. Sie behandelt Grundsatzfragen (I), Fragen zur Gewalt (II), Frieden und Recht (III) sowie politisch-ethische Herausforderungen (IV).

Weitere Bände in der Reihe http://www.springer.com/series/15668

Ines-Jacqueline Werkner ·
Niklas Schörnig
(Hrsg.)

Cyberwar – die Digitalisierung der Kriegsführung

Fragen zur Gewalt · Band 6

Hrsg.
Ines-Jacqueline Werkner
Forschungsstätte der Evangelischen
Studiengemeinschaft
Heidelberg, Deutschland

Niklas Schörnig
Leibniz-Insitut Hessische Stiftung
Friedens- und Konfliktforschung
Frankfurt am Main, Deutschland

ISSN 2662-2726   ISSN 2662-2734 (electronic)
Gerechter Frieden
ISBN 978-3-658-27712-3   ISBN 978-3-658-27713-0 (eBook)
https://doi.org/10.1007/978-3-658-27713-0

Die Deutsche Nationalbibliothek verzeichnet diese Publikation in der Deutschen Nationalbibliografie; detaillierte bibliografische Daten sind im Internet über http://dnb.d-nb.de abrufbar.

Springer VS
© Springer Fachmedien Wiesbaden GmbH, ein Teil von Springer Nature 2019
Das Werk einschließlich aller seiner Teile ist urheberrechtlich geschützt. Jede Verwertung, die nicht ausdrücklich vom Urheberrechtsgesetz zugelassen ist, bedarf der vorherigen Zustimmung des Verlags. Das gilt insbesondere für Vervielfältigungen, Bearbeitungen, Übersetzungen, Mikroverfilmungen und die Einspeicherung und Verarbeitung in elektronischen Systemen.
Die Wiedergabe von allgemein beschreibenden Bezeichnungen, Marken, Unternehmensnamen etc. in diesem Werk bedeutet nicht, dass diese frei durch jedermann benutzt werden dürfen. Die Berechtigung zur Benutzung unterliegt, auch ohne gesonderten Hinweis hierzu, den Regeln des Markenrechts. Die Rechte des jeweiligen Zeicheninhabers sind zu beachten.
Der Verlag, die Autoren und die Herausgeber gehen davon aus, dass die Angaben und Informationen in diesem Werk zum Zeitpunkt der Veröffentlichung vollständig und korrekt sind. Weder der Verlag, noch die Autoren oder die Herausgeber übernehmen, ausdrücklich oder implizit, Gewähr für den Inhalt des Werkes, etwaige Fehler oder Äußerungen. Der Verlag bleibt im Hinblick auf geografische Zuordnungen und Gebietsbezeichnungen in veröffentlichten Karten und Institutionsadressen neutral.

Springer VS ist ein Imprint der eingetragenen Gesellschaft Springer Fachmedien Wiesbaden GmbH und ist ein Teil von Springer Nature.
Die Anschrift der Gesellschaft ist: Abraham-Lincoln-Str. 46, 65189 Wiesbaden, Germany

Inhalt

Cyberwar – die Digitalisierung der Kriegsführung?
Eine Einführung 1
Ines-Jacqueline Werkner

Cyberwar zwischen Fiktion und Realität –
technologische Möglichkeiten 15
*Christian Reuter, Thea Riebe, Larissa Aldehoff,
Marc-André Kaufhold und Thomas Reinhold*

Gewalt im Cyberraum – ein politikwissenschaftlicher
Blick auf Begriff und Phänomen des Cyberkrieges 39
Niklas Schörnig

Hobbesscher Naturzustand im Cyberspace?
Enge Grenzen der Völkerrechtsdurchsetzung bei
Cyberangriffen 63
Leonhard Kreuzer

Der Cyber-Rüstungswettlauf.
Gefahren und mögliche Begrenzungen 87
Jürgen Altmann

Gerechter Frieden und Cybersicherheit.
Wider die Rede vom Cyberwar 105
Torsten Meireis

Resilienz stärken und Vertrauen bilden statt den
Cyberwar herbeireden. Überlegungen aus der
Gesamtschau der vorliegenden Texte 121
Niklas Schörnig

Autorinnen und Autoren 135

Cyberwar – die Digitalisierung der Kriegsführung?
Eine Einführung

Ines-Jacqueline Werkner

1 Einleitung

„Der Alptraum aller Militärs: Der Feind ist unsichtbar, blitzschnell und scheinbar überall, doch nicht zu fassen. Und er kann hart zuschlagen: Die Energieversorgung großer Städte bricht zusammen, die Verkehrsregelung ebenso wie der Währungskurs an den internationalen Börsen. Nationale und globale Infrastrukturen, Wirtschaft und Politik sind von Informationstechnik durchdrungen und Kriegsgeräte arbeiten auf informationstechnischer Grundlage, alles ist mit allem vernetzt" (Irrgang 2017, S. 101).

Mit dieser Beschreibung fasst der Philosoph und Theologe Bernhard Irrgang das Phänomen des Cyberwar. Dieser stellt – so die häufige Charakterisierung in der Literatur – neben Land, Wasser, Luft und Weltraum die „fünfte Dimension der Kriegsführung" dar. Mit ihm verlagert sich die Kriegsführung in einen vom Menschen selbst geschaffenen virtuellen Raum, in eine nicht-physische Domäne (vgl. Taddeo 2014, S. 42; Dickow und Bashir 2016). Das unterscheidet den Cyberwar von herkömmlichen Kriegsformen und macht ihn für ethische Anfragen virulent.

Die Diskurse zum Cyberwar[1] sind divers (vgl. u.a. Linzen 2014, S. 3ff.; Heintschel von Heinegg 2015): Sie reichen vom Mythos bis zur real existierenden Bedrohung und virulenten Sicherheitsgefahr. Myriam Dunn Cavelty (2013, S. 106f.) vom *Center for Security Studies* in Zürich hält Cyberkriege – schon aufgrund der Ineffizienz und der Gefahr eines konventionellen Gegenschlages – für unwahrscheinlich. Für sie verbindet sich mit dem Mythos des Cyberwar vielmehr das Bestreben von Sicherheitsfirmen und Regierungen, Restriktionen von Freiheiten im Netz durchzusetzen. Auch für den Politikwissenschaftler Thomas Rid stellt dieser lediglich einen Mythos dar:

> „Es hat in der Vergangenheit keinen Cyberkrieg gegeben, es findet gegenwärtig keiner statt, und es ist überaus wahrscheinlich, dass auch in Zukunft keiner über uns hereinbrechen wird" (Rid 2018, S. 13).

Er sieht in Cyberangriffen gewöhnliche Formen von Sabotage und Spionage. „Bei näherer Betrachtung" seien sie sogar „eher ein Mittel zur Eindämmung als zur Eskalation politischer Gewalt". Zum einen seien damit „extrem präzise Angriffe auf die Funktionsfähigkeit technischer Systeme des Gegners" möglich, ohne die sie bedienenden Menschen unmittelbar zu schädigen. Zum anderen lassen sich durch Cyberangriffe „Daten herausschleusen, ohne zuvor Menschen einschleusen, also durch hochriskante Operationen in Gefahr bringen zu müssen" (Rid 2018, S. 15). Dahinter steht letztlich die Idee einer „sauberen und zivilisierten Form der Kriegsführung" (Linzen 2014, S. 5).

Dagegen halten Experten wie Sandro Gaycken den Cyberwar für eine real existierende Bedrohung:

---

1 Den Begriff des Cyberwar haben vor 25 Jahren John Arquila und David Ronfeldt (1993) geprägt.

Cyberwar – die Digitalisierung der Kriegsführung?

„Der Cyberkrieg wird kommen, nicht so sehr als heißer offener militärischer Konflikt, sondern mehr als eine elektronische Wiedergeburt des Kalten Krieges mit Spionage, Sabotage und zahlreichen kleinen Zwischenfällen" (Gaycken und Talbot 2010, S. 32; vgl. auch Irrgang 2017, S. 103).

Insbesondere ermögliche er schwächeren wie substaatlichen Akteuren, mit einem relativ geringen Ressourceneinsatz dem Gegner zu schaden (vgl. Gaycken 2010, S. 104f.). Weitaus dramatischer äußern sich US-amerikanische Politiker. Nach dem damaligen Antiterror-Berater des Weißen Hauses Richard A. Clark sei mit dem Cyberwar die Gefahr eines „electronic Pearl Harbor" verbunden (vgl. Linzen 2014, S. 5) und auch Leon Panetta, der ehemalige Verteidigungsminister der USA, warnte:

"A cyber attack perpetrated by nation states [or] violent extremists groups could be as destructive as the terrorist attack on 9/11. Such a destructive cyber-terrorist attack could virtually paralyze the nation. […] The collective result of these kinds of attacks could be a cyber Pearl Harbor; an attack that would cause physical destruction and the loss of life. In fact, it would paralize and shock the nation and create a new, profound sense of vulnerability" (Panetta 2012, zit. nach Cook 2015, S. 23).

Unabhängig, welcher Denkschule man folgt, wird die zunehmende Digitalisierung die Kriegsführung wesentlich prägen. Zu klären bleibt, welcher Sphäre (zivil oder militärisch) sich Cyberangriffe zuordnen lassen, inwieweit sie konventionelle Vorstellungen von Gewalt, Krieg und Kriegsführung verändern und welche ethischen und völkerrechtlichen Infragestellungen mit ihnen einhergehen.

2 Was bedeutet Cyberwar?

Dass neueste Technologien zugleich die Kriegsführung prägen, zieht sich durch die gesamte Geschichte. Teilweise sind sie eigens dafür entwickelt worden (vgl. Mey 2017). Auch das Internet ist ursprünglich für den militärischen Daten- und Informationsaustausch geschaffen worden (vgl. Heintschel von Heinegg 2015). Für den Friedensforscher Götz Neuneck (2017, S. 806) könnte die Informationstechnik mit ihrer globalen Nutzung und Vernetzung digitaler Medien sogar „die mächtigste technologische Revolution in der Geschichte der Menschheit" werden. Im Cyberwar wird diese sowohl zum Ziel als auch zum Mittel der Kriegsführung und damit zugleich zur Waffe (vgl. Gaycken 2012, S. 91).

Was lässt sich nun aber unter dem Cyberwar konkret verstehen und was unterscheidet ihn von kriminellen Formen im digitalen Netz? Eine verbindliche Definition des Cyberwar existiert nicht; in der Literatur finden sich verschieden enge beziehungsweise weite Verständnisse. Einigkeit besteht allerdings darin, den Cyberwar als eine „Zustandsbeschreibung eines Krieges mit Cybermitteln" zu verstehen (Linzen 2014, S. 2), ganz im Sinne von Peter W. Singer und Allan Friedman (2014, S. 121): „The key elements of war in cyberspace all have their parallels and connections to warfare in other domains."

Das viel zitierte *Tallinn Manual on the International Law Applicable to Cyber Warfare,* eine Studie über die Anwendbarkeit des Völkerrechts auf Cyberkonflikte und Cyberkrieg, versteht unter einem Cyberangriff (im Sinne eines Cyberwar)

> "a cyber operation, whether offensive or defensive, that is reasonably expected to cause injury or death to persons or damage or destruction to objects" (Schmitt 2013, Rule 30; identisch in der Fassung 2.0 von 2017, Rule 92).

Zentral ist bei dieser Begriffsbestimmung der Aspekt der Gewaltanwendung („the use of violence against a target"), die einen Cyberangriff beispielsweise von Cyberspionage unterscheidet. Dabei versteht das *Tallinn Manual* unter Gewalt nicht nur den gewaltsamen Akt selbst, sondern auch seine Konsequenzen: „‚[V]iolence' must be considered in the sense of violent consequences and is not limited to violent acts" (Schmitt 2013, Rule 30; 2017, Rule 92). Diese Definition lässt ein weiteres wie auch engeres Verständnis zu, je nach Interpretation des Begriffs „objects" (vgl. Taddeo 2014, S. 44).

Kontroversen um seine Reichweite durchziehen die gesamte Debatte um den Cyberwar. Insbesondere erweist es sich als strittig, wann von einem bewaffneten Angriff gesprochen werden kann, das heißt, inwieweit und ab welchem Zeitpunkt ein Cyberangriff auf die Infrastruktur eines Landes als „digitale Kriegserklärung" (Linzen 2014, S. 2f.) aufzufassen ist.

In Anlehnung an das *Tallinn Manual* differenziert Götz Neuneck (2017, S. 809) drei Typen des Cyberwar: erstens umfassende Angriffe gegen den Cyberraum, zweitens begrenzte Angriffe auf die (vitale) Infrastruktur eines Landes mit dem Ziel, wichtige Funktionen zu unterbrechen, und drittens „Angriffe mit regulären Streitkräften gegen zentrale Knotenpunkte des Cyberraums". Was ihn von Cyberkriminalität unterscheide, seien – so Sandro Gaycken (2012, S. 93) – die Qualität der Angriffe:

> „[T]raditionelle Angreifer auf die IT waren bislang wenig koordinierte Kleinkriminelle und Teenager. Jetzt kommen Militärs mit ihren typischen Vorgehensweisen und Mitteln. Sie nutzen Nachrichtendienste zur Vorbereitung, zum Transport und zur Nachbereitung, sie arbeiten in großen, gut organisierten Teams mit mehrstufigen Taktiken, sie nutzen hochrangige Experten verschiedenster Disziplinen, sie bauen Testgelände auf, sie werden professionell geführt, und sie können das Tausendfache in das Design eines Angriffs investieren, ohne das als teuer zu empfinden."

Mit dem Cyberwar verbinden sich vier zentrale Herausforderungen: Erstens kommt es zu einer *Verschmelzung militärischer und ziviler Räume*, sowohl bezüglich der Ziele – angesichts der zunehmenden Digitalisierung können prinzipiell alle Bereiche des Lebens zum Ziel von Cyberangriffen werden – als auch der Mittel des Cyberwarfare. Die Kriegsführung wird mit zivilen Mitteln geführt; sie erweist sich als „vollkommen blutlos" (Gaycken 2014, S. 6). Ihre – zumeist zeitlich verzögerten – Wirkungen beispielsweise auf vitale Teile der Infrastruktur eines Landes können dagegen dramatisch sein. Und je nachdem, ob Cyberangriffe als zivile oder militärische Bedrohung gefasst werden, werden auch Verantwortlichkeiten und Maßnahmen zur Abwehr dieser virtuellen Angriffe unterschiedlich ausfallen (vgl. Kriesel und Kriesel 2012, S. 128f.; Theiler 2012, S. 145; PoKemptner 2014, S. 39).

Zweitens sind Cyberangriffe durch eine *hohe Wirkasymmetrie* gekennzeichnet (vgl. Gaycken 2012, S. 98ff.). So können schon kleine Angriffe mit wenig technischem Aufwand und geringen Kosten dramatische Wirkungen zeitigen, insbesondere wenn diese kritische Bereiche der Infrastruktur treffen. Man denke nur an den Ausfall von Wasser- oder Stromversorgungen in Großstädten oder Angriffe auf Chemiefabriken und Atomkraftwerke. Innerhalb weniger Tage könnten Zwischenfälle dieser Art – ganz unblutig – zu hohen Opferzahlen führen. Zugleich besteht eine „Asymmetrie der Fehlertoleranz" (Gaycken 2012, S. 99). Während der Angreifer etliche Versuche unternehmen kann, von denen nur einer seine Wirkung entfalten muss, hat der Verteidiger zur Abwehr dieses Angriffs in der Regel nur einen Versuch und dieser müsse dann „immer erfolgreich sein" (Gaycken 2012, S. 99). Dabei scheint ein passiver Schutz gegenwärtig durchaus begrenzt, wenn nicht gar unmöglich zu sein.

Die dritte Herausforderung besteht in der Attribution. Angreifer können im Cyberwar häufig nicht – und wenn überhaupt, dann nur mit großer zeitlicher Verzögerung – identifiziert werden. Dies ist allerdings zentral, wenn potenzielle Angreifer durch Strafen abgeschreckt werden sollen. Die fehlende Täteridentifikation lässt sich auf verschiedene Gründe zurückführen: (1) auf „die Flüchtigkeit der physischen Spuren" im Internet, (2) auf den „apologetische[n] Charakter der Datenspuren", ist der informatorische Gehalt bei Cyberangriffen grundsätzlich manipulierbar, (3) auf den „Mensch-Maschine-Gap", denn selbst wenn die Maschine identifiziert werden könne, sei weiterhin ungeklärt, welche Person zum entscheidenden Zeitpunkt einen Zugriff gehabt habe, und (4) „die Alltäglichkeit der Waffe", handelt es sich im Cyberwar um „handelsübliche Alltagstechnologien" wie alltägliche PCs, USB-Sticks oder Standardprogramme (Gaycken 2012, S. 101ff.).

Schließlich weisen Cyberangriffe gegenüber allen konventionellen Formen der Kriegsführung einen zentralen Vorteil auf: Sie benötigen *keine Vorwarnzeiten*. Digitale Erstschläge erfolgen in Bruchteilen von Sekunden. Entsprechend gering ist die Zeit, sich gegenüber diesen Angriffen zu verteidigen (vgl. Theiler 2012, S. 138).

3 Cyberangriffe und Reaktionen

Wie sieht nun der empirische Befund aus? Hat es bislang schon Angriffe im Sinne einer Kriegshandlung gegeben oder handelt es sich beim Cyberwar eher um einen Mythos? In den vergangenen Jahren lassen sich durchaus Beispiele aufzeigen, die auf die außenpolitische Dimension von Cyberangriffen verweisen (vgl. u. a. Heintschel von Heinegg 2015; Reinhold 2016; Neuneck 2017, S. 808f.): So hat 2007 ein DDOS-Angriff[2] auf Estland (durch kremlnahe Aktivisten aus

---

2 Sogenannte „Distributed Denial of Service"-Angriffe (DDOS) auf IT-Systeme können die Funktionsfähigkeit und Verfügbarkeit von

Russland) zentrale Regierungs- und Bankinternetseiten lahmgelegt. Weitere Angriffe gab es beispielsweise 2009 auf Einrichtungen in Georgien (im Kontext des Kaukasuskrieges), 2014 auf Sony (durch Nordkorea), 2015 auf das interne Kommunikationssystem des Deutschen Bundestages oder 2016 auf die Energieversorgung in der Ukraine (vgl. Neuneck 2017, S. 808). Mit Stuxnet haben es US-amerikanische und israelische Militärs sowie Nachrichtendienste im Juni 2010 sogar erreicht, mit Hilfe einer Schadstoffsoftware in das Netz der Urananreicherungsanlage in Natanz im Iran einzudringen und einige hundert Zentrifugen zu zerstören. Stuxnet gilt als die „erste digitale, zielgerichtete ‚Cyberwaffe'" (Neuneck 2017, S. 809) und belegt zweifellos die sicherheits- und verteidigungspolitische Relevanz von Cyberangriffen.

Auf die „Bedrohungen aus dem Netz" (Heintschel von Heinegg 2015) reagieren die Staaten sehr unterschiedlich. Das umfasst geheim- und nachrichtendienstliche Aspekte. Nach Sandro Gaycken (2012, S. 96) stellt der Cyberwar „in seiner Ausführung zu weiten Teilen eine klare Domäne der operativen Nachrichtendienste" dar. Dabei bergen die in diesem Kontext stehenden Maßnahmen die Gefahr, das stets auszubalancierende Verhältnis von Freiheit und Sicherheit zum Negativen zu beeinflussen. Während beispielsweise die Europäische Union in ihrer *Cybersecurity Strategy* von 2017 betont, den Cyberraum auch in Zukunft für den Privatsektor frei und offen zu halten, wird in anderen Regionen wie beispielsweise in China und Russland ein freier Cyberraum eher als Bedrohung angesehen und das Netz staatlich kontrolliert (vgl. Heintschel von Heinegg 2015). Das betrifft aber nicht nur autoritäre Staaten, so zeigten die Enthüllungen von Edward Snowden auch das Ausmaß

Computern und Netzwerken außer Kraft setzen (vgl. Neuneck 2017, S. 808).

Cyberwar – die Digitalisierung der Kriegsführung?

der Spionage und Sabotage durch die *National Security Agency* (NSA) auf (vgl. Neuneck 2017, S. 810f.).

Darüber hinaus ist eine zunehmende Militarisierung des Cyberraums erkennbar (vgl. Dickow und Bashir 2016; Reinhold 2016): In den vergangenen Jahren haben viele Länder in ihren Streitkräften Cyberkommandos eingerichtet und ihre offensiven Fähigkeiten ausgebaut. Das zeigt sich traditionell in den USA und der NATO. So sieht die Nationale Sicherheitsstrategie der USA vor, auf Cyberangriffe, die ihre Infrastruktur und vitalen Interessen berühren, konsequent zu reagieren:

> "The United States will deter, defend, and when necessary defeat malicious actors who use cyberspace capabilities against the United States" (The White House 2017, S. 31f.).

Und auch der NATO-Gipfel 2016 in Warschau bewertet Cyberangriffe als militärische Aggression, die nach Artikel 5 des NATO-Vertrages auch den Bündnisfall auslösen können (vgl. NATO 2016, Ziff. 70). Aber ebenso sieht die Bundesregierung im Weißbuch 2016 die deutsche Sicherheitspolitik durch Cyberangriffe herausgefordert:

> „[B]ereits heute sind Operationen im Cyber- und Informationsraum [...] Bestandteil kriegerischer Auseinandersetzungen. Diese Tendenz wird sich absehbar erheblich verfestigen." (BMVg 2016a, S. 37)

und fordert:

> „Die Befähigung zum bundeswehrgemeinsamen Wirken in allen Dimensionen – Land, Luft, See, Cyber- und Informations- sowie Weltraum – ist der übergeordnete Maßstab. [...] Wirkungsüberlegenheit muss über alle Intensitätsstufen hinweg erzielt werden können" (BMVg 2016a, S. 102, 104).

In gleicher Weise betont die Cyber-Sicherheitsstrategie für Deutschland, die „Verteidigungsaspekte der Cyber-Sicherheit" zu stärken (BMI 2016, S. 33). Dazu ist 2017 in der Bundeswehr ein eigenständiger militärischer Organisationsbereich „Cyber und Informationsraum" mit einem Inspekteur an der Spitze und 13.800 Stellen eingerichtet worden (vgl. BMVg 2016b).

Mit der Militarisierung der Cybersicherheit verbinden sich zudem Fragen der Rüstungskontrolle, gilt es, einen digitalen Rüstungswettlauf zu verhindern (vgl. Neuneck 2014, S. 30). Das ist insofern herausfordernd, als Cyberrüstung – im Gegensatz zu anderen Bereichen – relativ verdeckt erfolgt.

4 Zu diesem Band

Der Band widmet sich der Digitalisierung der Kriegsführung. Im Fokus steht der sogenannte Cyberwar mit seinen technologischen, politikwissenschaftlichen, völkerrechtlichen, rüstungspolitischen und theologischen Implikationen. Der erste Beitrag nimmt zunächst die Digitalisierung als neue Entwicklungsstufe und technologische Revolution näher in den Blick und hinterfragt die technologischen Möglichkeiten einer Cyberkriegsführung und deren Abwehr. Ausgehend von der Differenzierung der verwendeten Begrifflichkeiten sowie einer Darstellung der dahinterstehenden Konzepte analysieren *Christian Reuter und Kollegen* unterschiedliche Formen des schadhaften Wirkens im Cyberraum und beleuchten die technischen Probleme hinsichtlich des Schutzes gegen Cyberangriffe.

Niklas Schörnig nähert sich dem Phänomen des Cyberwar aus politikwissenschaftlicher Perspektive. Vor dem Hintergrund klassischer Kriegsdefinitionen der Friedens- und Konfliktforschung untersucht er, inwieweit der Cyberwar mit der klassischen Begrifflichkeit des Krieges kompatibel ist. Dabei zeigt er, dass nur die wenigsten Cybervorfälle kategorial als Krieg eingestuft werden können, und plädiert für einen differenzierten Umgang mit den verschiedenen Formen von Cyberangriffen.

Der Beitrag von *Leonhard Kreuzer* beleuchtet Cyberangriffe aus völkerrechtlicher Sicht. In einem ersten Schritt konstatiert er die Geltung des Völkerrechts auch für den Cyberraum. Dem schließt sich eine Analyse der völkerrechtlichen Möglichkeiten für offensive Cyberoperationen an. Das umfasst das Selbstverteidigungsrecht, das Recht auf Gegenmaßnahmen gegen Cyberangriffe sowie eine mögliche Berufung auf den Notstand. Als Alternative stellen sich – so der Autor – präventive Ansätze, um Sicherheitsgefahren im Cyberspace zu begegnen.

Jürgen Altmann verhandelt Fragen des digitalen Rüstungswettlaufs. Er zeigt die daraus resultierenden Gefahren für die internationale Sicherheit auf. Als einen ersten Schritt zur Rüstungsbegrenzung empfiehlt der Autor vertrauens- und sicherheitsbildende Maßnahmen. Dabei lassen sich – so Altmann – auch Anleihen an für konventionelle Streitkräfte in Europa geltende Maßnahmen nehmen. Nötig sei hierbei ein Umdenken: Statt den Cyberraum militärisch hochzurüsten, sollten Staaten der Verhinderung von Cyberkriegen den Vorrang geben.

Torsten Meireis widmet sich aus theologischer Perspektive den Problemlagen um den Cyberwar und analysiert diese im Kontext der Konzeption des gerechten Friedens. Ausgehend von Fragen nach der Einordnung von Phänomenen, die allgemeinhin der Cyberkriegsführung zugerechnet werden, nimmt der Beitrag Institutionen zur Abwehr potenzieller Bedrohungen in den Blick. In einem weiteren Schritt untersucht der Autor, ob und in welchen Fällen ein Einsatz rechtserhaltender Gewalt zu erwägen ist. Im Fazit plädiert Meireis dafür, dem herrschenden Kriegsnarrativ im Cyberraum „unter Rekurs auf die Versöhnungsperspektive entgegen[zu]treten".

In der abschließenden Synthese führt *Niklas Schörnig* die Argumentationsstränge des Bandes noch einmal zusammen. Die Digitalisierung der Kriegsführung fordert – so der Autor – „klassische und etablierte Sicherheitsvorkehrungen in einem bislang nicht bekannten Maße heraus". Dennoch erreiche nicht jeder Cyberangriff die Schwelle, die physische Gegenmaßnahmen rechtfertigen würde. Vielmehr gelte es, den Gefahren im Cyberraum statt offensiver militärischer Planungen durch Resilienz, Defensive und Bewusstseinsstärkung zu begegnen.

Literatur

Arquila, John und David Ronfeldt. 1993. *Cyberwar is Coming!* Santa Monica, CA: RAND Corporation.

Bundesministerium des Innern (BMI). 2016. *Cyber-Sicherheitsstrategie für Deutschland*. Berlin: BMI.

Bundesministerium der Verteidigung (BMVg). 2016a. *Weißbuch zur Sicherheitspolitik und zur Zukunft der Bundeswehr*. Berlin: BMVg.

Bundesministerium der Verteidigung (BMVg). 2016b. *Abschlussbericht Aufbaustab Cyber- und Informationsraum*. Berlin: BMVg.

Cook, James L. 2015. Is There Anything Morally Special about Cyberwar? In *Cyberwar. Law and Ethics for Virtual Conflicts*, hrsg. von Jens David Ohlin, Kevin Govern und Claire Finkelstein, 16–36. Oxford: Oxford University Press.

Dickow, Marcel und Nawid Bashir. 2016. Sicherheit im Cyberspace. http://www.bpb.de/apuz/235533/sicherheit-im-cyberspace. Zugegriffen: 3. Juli 2018.

Dunn Cavelty, Myriam. 2013. From Cyber-Bombs to Political Fallout: Threat Representations with an Impact in the Cyber-Security Discourse. *International Studies Review* 15 (1): 105–122.

Evangelische Kirche in Deutschland (EKD). 2007. *Aus Gottes Frieden leben – für gerechten Frieden sorgen. Eine Denkschrift des Rates der Evangelischen Kirche in Deutschland.* Gütersloh: Gütersloher Verlagshaus.

Gaycken, Sandro. 2010. *Cyberwar: Das Internet als Kriegsschauplatz.* München: Open Source Press.

Gaycken, Sandro. 2012. Die vielen Plagen des Cyberwar. In *Automatisierung und Digitalisierung des Krieges. Drohnenkrieg und Cyberwar als Herausforderungen für Ethik, Völkerrecht und Sicherheitspolitik*, hrsg. von Roman Schmidt-Radefeldt und Christine Meissler, 89–116. Baden-Baden: Nomos.

Gaycken, Sandro. 2014. Ein ethisches Argument für Hochsicherheits-IT. *Ethik und Militär. Kontroversen der Militärethik & Sicherheitskultur* (2): 6–12.

Gaycken, Sandro und David Talbot. 2010. Aufmarsch im Internet. *Technology Review* (9): 26–32.

Heintschel von Heinegg, Wolff. 2015. Cyber – Bedrohungen aus dem Netz. http://www.bpb.de/izpb/209667/cyber-bedrohungen-aus-dem-netz. Zugegriffen: 3. Juli 2018.

Irrgang, Bernhard. 2017. Internetkriminalität und Cyberwar. Technologische Macht angesichts neuer Dimensionen des Virtuellen und die Zukunft der Informations-Gesellschaft. In *Cyberwar @ Drohnenkrieg. Neue Kriegstechnologien philosophisch betrachtet*, hrsg. von Michael Funk, Silvio Leuteritz und Bernhard Irrgang, 87–111. Würzburg: Königshausen & Neumann.

Kriesel, Friedrich Wilhelm und David Kriesel. 2012. Cyberwar – relevant für Sicherheit und Gesellschaft? Eine Problemanalyse. In *Automatisierung und Digitalisierung des Krieges. Drohnenkrieg und Cyberwar als Herausforderungen für Ethik, Völkerrecht und Sicherheitspolitik*, hrsg. von Roman Schmidt-Radefeldt und Christine Meissler, 117–129. Baden-Baden: Nomos.

Linzen, Julia. 2014. *Cyberwar und Cyberwarfare. Bereits Realität oder (dys-)/utopisches Zukunftsszenario?* Bonn: Center for Global Studies an der Universität Bonn.

Mey, Holger H. 2017. Zur Rolle von Technologie in zukünftigen Konflikten. In *Cyberwar @ Drohnenkrieg. Neue Kriegstechnologien philosophisch betrachtet*, hrsg. von Michael Funk, Silvio Leuteritz und Bernhard Irrgang, 25–57. Würzburg: Königshausen & Neumann.

Neuneck, Götz. 2014. Cyberwarfare – Hype oder Bedrohung? *Ethik und Militär. Kontroversen der Militärethik & Sicherheitskultur* (2): 26–31.

Neuneck, Götz. 2017. Krieg im Internet? Cyberwar in ethischer Reflexion. In *Handbuch Friedensethik*, hrsg. von Ines-Jacqueline Werkner und Klaus Ebeling, 805–816. Wiesbaden: Springer VS.

North Atlantic Traty Organization (NATO). 2016. Warsaw Summit Communiqué vom 9. Juli 2016. http://www.anto.int/cps/en/natohq/official_texts_133169.htm. Zugegriffen: 3. Juli 2018.

PoKemptner, Dinah. 2014. Warum uns die Militarisierung des Cyberspace beunruhigen sollte. *Ethik und Militär. Kontroversen der Militärethik & Sicherheitskultur* (2): 32–40.

Reinhold, Thomas. 2016. Cyberspace als Kriegsschauplatz? Herausforderungen für Völkerrecht und Sicherheitspolitik. http://www.bpb.de/apuz/232966/cyberspace-als-kriegsschauplatz. Zugegriffen: 3. Juli 2018.

Rid, Thomas. 2018. *Mythos Cyberwar. Über digitale Spionage, Sabotage und andere Gefahren*. Hamburg: Edition Körber.

Schmitt, Michael N. (Hrsg.). 2013. *Tallinn Manual on the International Law Applicable to Cyber Warfare*. Cambridge: Cambridge University Press.

Schmitt, Michael N. (Hrsg.). 2017. *Tallinn Manual 2.0 on the International Law Applicable to Cyber Operations*. Cambridge: Cambridge University Press.

Singer, Peter W. und Allan Friedman. 2014. *Cybersecurity and Cyberwar: What Everyone Needs to Know*. Oxford: Oxford University Press.

Taddeo, Mariaroasria. 2014. Wie kann Ethik bei der Regelung des Cyberkriegs helfen? *Ethik und Militär. Kontroversen der Militärethik & Sicherheitskultur* (2): 41–46.

The White House. 2017. *National Security Strategy of the United States of America*. Washington, D.C.: The White House.

Theiler, Olaf. 2012. Cyber-Defence als Herausforderung für die NATO: Angemessene Bedrohungsabwehr oder Umgang mit einem „Scheinriesen"? In *Automatisierung und Digitalisierung des Krieges. Drohnenkrieg und Cyberwar als Herausforderungen für Ethik, Völkerrecht und Sicherheitspolitik*, hrsg. von Roman Schmidt-Radefeldt und Christine Meissler, 130–158. Baden-Baden: Nomos.

Cyberwar zwischen Fiktion und Realität – technologische Möglichkeiten

Christian Reuter, Thea Riebe, Larissa Aldehoff,
Marc-André Kaufhold und Thomas Reinhold

1 Einleitung

Im Dezember 2017 wurde eine Invasion des deutschen Regierungsnetzwerks entdeckt; dieses vernetzt Bundesministerien und Behörden (vgl. Reinhold 2018a). Die Angreifer nutzten das Intranet der Hochschule des Bundes für öffentliche Verwaltung und der Bundesakademie für öffentliche Verwaltung als Einfallstor. Dieses ist der am wenigsten gesicherte Teil des Systems, da externe Teilnehmerinnen und Teilnehmer auch außerhalb der Einrichtung darauf zugreifen müssen, beispielsweise für Fortbildungen des Auswärtigen Amtes. Wahrscheinlich sollte der erste Eingriff dazu dienen, das Netzwerk weiter zu durchdringen. Um sich Bewegungsfreiheit im Intranet zu verschaffen, wurden systematisch Administratorrechte in Anspruch genommen. Bisher konnte nicht geklärt werden, ob sich Teile der genutzten Schadsoftware weiterhin im System befinden (vgl. Mascolo et al. 2018).[1]

---

1 Der Beitrag basiert auf Reuter et al. (2019).

© Springer Fachmedien Wiesbaden GmbH, ein Teil von Springer Nature 2019
I.-J. Werkner und N. Schörnig (Hrsg.), *Cyberwar – die Digitalisierung der Kriegsführung*, Gerechter Frieden,
https://doi.org/10.1007/978-3-658-27713-0_2

Dieser Vorfall ist ein gutes Beispiel für die zunehmende Relevanz von Informationstechnik für Frieden und Sicherheit (vgl. Reuter 2019). Die Innovationen naturwissenschaftlicher und technischer Forschung wurden schon immer für militärische Zwecke genutzt und haben so die Kriegsführung stark beeinflusst. Diese Erkenntnis trifft auf Wissenschaftler und Mathematiker wie Archimedes (287-212), Leonardo da Vinci (1452–1519) und Isaac Newton (1643–1727) zu. Die erste planvolle Einbeziehung technischen Wissens in das Militär fand in der Rekrutierung von Ingenieuren nach der Französischen Revolution statt. Im Ersten Weltkrieg wurden dann Chemiker, Mathematiker, Physiker und Ingenieure systematisch in die Produktion von Kriegsmaterial integriert (vgl. Altmann et al. 2010, S. 411f.). Weiterhin wurden während des Ersten Weltkriegs Telefone und Radiokommunikation auf den Schlachtfeldern eingeführt. Seitdem ist die IT mit ihren weitreichenden Entwicklungen in Krisen, Konflikten und Kriegen zunehmend wichtiger geworden (vgl. Bernhardt und Ruhmann 2017, S. 364ff.).

Gewaltsame Konflikte können in verschiedenen Domänen geführt werden. Neben Land, See, Luft und dem Weltraum ist nun der sogenannte Cyberspace eine von ihnen. Deshalb ist die Resilienz von IT-Infrastrukturen von wachsender Bedeutung. Dennoch berücksichtigen Sicherheitsstrategien die spezifischen Charakteristika von IT nur unzureichend:

- Viele der involvierten Akteure (die die Gruppe potenzieller Aggressoren darstellen) sind entweder Individuen oder Teil des Privatsektors.
- Die Zuschreibung (Attribution) von sicherheitsbedrohenden oder offensiven Aktivitäten ist schwierig, da die Identität der Sicherheitsbedrohung nicht bekannt ist.
- Sicherheitsbedenken und internationale Proliferation – das heißt die Verbreitung von militärischen oder militärisch nutzbaren

Technologien innerhalb und zwischen Staaten (vgl. Altmann 2019) – erhöhen das Risiko von Militäreinsätzen als präventives Mittel (vgl. Chivvis und Dion-Schwarz 2017).
- Viele Technologien können auch als Waffe oder Teil eines Waffensystems missbraucht werden. Deshalb ist ihnen das Risiko, zweckentfremdet zu werden, um einer signifikanten Anzahl von Menschen Schaden zuzufügen, inhärent. Die *Dual Use*-Problematik (vgl. Riebe und Reuter 2019) ist insbesondere deshalb von zunehmender Relevanz für die IT, weil die militärische Verwendung von IT-Systemen und Infrastrukturen Phänomene wie den Cyberwar, den Informationskrieg (vgl. Ruhmann und Bernhardt 2019), (terroristische) Propaganda, *Fake News* (vgl. Kaufhold und Reuter 2019), Datenspionage und *Hacking* (vgl. Herrmann 2019) einschließt.

Der Beitrag nimmt diese Herausforderungen und Ansatzmöglichkeiten für Lösungen in den Blick. Grundlegend dafür sind eine genauere Differenzierung der verwendeten Begrifflichkeiten sowie eine Darstellung der dahinterstehenden Konzepte. Darauf aufbauend werden die jeweils unterschiedlichen Formen des schadhaften Wirkens im Cyberspace, ihre Akteure und Motivationen, die sich in der Wahl der entsprechenden technischen Hilfsmittel niederschlagen, analysiert. Der Beitrag beleuchtet dabei auch die wichtigsten technischen Probleme zum Schutz im Cyberspace, die Angreifer bei der Wahl ihrer Taktik und Angriffswerkzeugen entgegenkommen.

2 Von der Informatik zur Cybersicherheit

Seitdem Computer in der Lage sind, Daten auszutauschen, ist die Sicherheit dieser Daten eine Herausforderung. In den letzten Jahren hat die Bedrohung der Datensicherheit aufgrund der Vernetzung und Kollaborativität von Systemen sowie der Einführung von *Cloud Computing* zugenommen. Die folgenden Abschnitte erläutern, was unter Sicherheit im Kontext der Informatik zu verstehen ist, und gehen auf die militärische Perspektive dieser Herausforderungen ein.

2.1 IT-, Informations- und Cybersicherheit

Den Begriff der Sicherheit gibt es in der Informatik seit langem. Dessen Perspektive hat sich in den vergangenen Jahren unter dem Eindruck des Cyberspace und von Cyberattacken jedoch verändert, stärker differenziert und sich so in der Wahl der Begrifflichkeiten niedergeschlagen. Eine sehr technische, klassische Herangehensweise bietet die Norm ISO/IEC 27001, die IT-Sicherheit definiert als

> „Erhaltung der Vertraulichkeit, Integrität und Verfügbarkeit von Informationen; zusätzlich können andere Eigenschaften wie Authentizität, Verantwortlichkeit, Nichtabstreitbarkeit und Zuverlässigkeit auch involviert sein" (ISO 27001 2015).

Dabei stellten die Autorinnen und Autoren vor allem die Sicherheit der „technischen Information" (heute würde man von Daten sprechen) und die einzelnen, in aller Regel nicht miteinander verbundenen IT-Systeme, auf denen diese Daten verarbeitet werden, in den Vordergrund. Entsprechend wurde hier von Informationssicherheit gesprochen; ein Begriff, der sich mit dem Aufkommen des Internets zum knapperen Begriff der IT-Sicherheit gewandelt hat. Mit der zunehmenden Kommerzialisierung des Internets, neuer Dienste, mobiler internetfähiger Geräte sowie der damit einhergehenden massiven Vernetzung und dem konstanten Datenaustausch wurde der Begriff des Cyberspace als Beschreibung der Gesamtheit dieser Geräte und deren Interaktionen geprägt. Mit dieser Entwicklung wurde jedoch auch deutlich, dass technische Sicherheit in einem größeren Maßstab gedacht werden muss, der die Verwundbarkeiten aufgrund der Vernetzung von IT-Geräten sowie deren technischen wechselseitigen Abhängigkeiten in den Fokus nimmt. Der dafür geprägte Begriff der Cybersicherheit wird dementsprechend zunehmend synonym zu dem Begriff der Informationssicherheit verwendet. Jedoch ist zu konstatieren:

> „Cybersicherheit geht über die Grenzen der traditionellen Informationssicherheit hinaus und umfasst nicht nur die Absicherung von Informationsressourcen, sondern auch die anderer Güter sowie der Person selbst. Die Informationssicherheit bezieht sich, was die menschliche Komponente anbelangt, meist lediglich auf die Rolle(n) von Menschen im Sicherheitsprozess" (von Solms und van Niekerk 2013, Übersetzung d. Verf.).

Nach dem Bundesamt für Sicherheit in der Informationstechnik (BSI) bezieht sich Cybersicherheit auf alle Aspekte der Sicherheit in Informations- und Kommunikationstechnologien (*Information and Communication Technologies*, ICT). Dabei wird

> „das Aktionsfeld der klassischen IT-Sicherheit […] auf den gesamten Cyber-Raum ausgeweitet. Dieser umfasst sämtliche mit dem Internet und vergleichbaren Netzen verbundene Informationstechnik und schließt darauf basierende Kommunikation, Anwendungen, Prozesse und verarbeitete Informationen mit ein" (BSI 2017).

Als IT-Sicherheit definiert das Bundesamt für Sicherheit in der Informationstechnik (2017):

„einen Zustand, in dem die Risiken, die beim Einsatz von Informationstechnik aufgrund von Bedrohungen und Schwachstellen vorhanden sind, durch angemessene Maßnahmen auf ein tragbares Maß reduziert sind".

IT-Sicherheit ist also ein Zustand, „in dem Vertraulichkeit, Integrität und Verfügbarkeit von Informationen und Informationstechnik durch angemessene Maßnahmen geschützt sind" (BSI 2017). Der jährliche Lagebericht über IT-Sicherheit in Deutschland analysiert anhand detaillierter Beispiele die aktuelle Lage der IT-Sicherheit, Gründe für Cyberangriffe sowie angewendete Mittel und Methoden (vgl. BSI 2016). Er führt Schwachpunkte in den Bereichen *Cloud Computing*, Software und Hardware, Kryptographie, mobile Kommunikation, Standardisierung und Internetinfrastruktur auf und erläutert Gründe sowie kontextuelle Faktoren. Folgend findet sich eine Übersicht über die vom Bundesamt für Sicherheit in der Informationstechnik aufgeführten Mittel und Methoden von Cyberangriffen (vgl. BSI 2ß16) sowie potenzieller Schutzmechanismen (vgl. Herrmann 2019).

Gegenüber IT- und Cybersicherheit stellt Informationssicherheit ein umfassenderes Konzept dar, dass das Schützen von Informationen, die auf Papier oder Computern gespeichert sind, einschließt (vgl. BSI 2013). Laut ISO 27001 (2015) impliziert es Sicherheitskontrollen, insbesondere auf administrativer, logischer und physischer Ebene.

Die Entdeckung der Stuxnet-Software und der seit 2013 anhaltende NSA-Skandal zeigen die Signifikanz möglicher Invasionen durch staatliche Organisationen auf: Diese haben das Potenzial, nicht nur die Privatsphäre, sonders die gesamte IT-Infrastruktur zu bedrohen (ausführlicher hierzu Hollick und Katzenbeisser 2019).

Tab. 1 Überblick über gängige Mittel und Methoden von Cyberangriffen sowie Schutzmechanismen

Mittel und Methoden von Cyberangriffen	Schutzmechanismen
• Schadsoftware • Ransomware • Social Engineering • Advanced Persistent Threats (APTs) • Spam • Botnetze • Distributed-Denial-of-Service (DDoS) • Drive-by-Exploits und Exploit-Kits • Identitätsdiebstahl • Seitenkanalangriffe	• Anwendungssicherheit (z. B. Antivirus-Software, sichere Programmierung, Sicherheitsdesign, sichere Betriebssysteme) • Angriffserkennung und -prävention • Autorisierung und Zugriffskontrolle • Authentifizierung und Identifikation • Protokollierung • Durchführung von Sicherheitskopien • Netzwerksicherheit (z. B. durch Firewalls) • Sichere Mobile Gateways

Quelle: Eigene Darstellung auf der Basis des BSI (2016).

2.2 Militärische Vorkehrungen für den Cyberspace

Im Lichte dieser Entwicklung überrascht es nicht, dass mehr und mehr Verteidigungsministerien den Cyberspace – neben Land, Luft, See und Weltall – als eine eigene Domäne etablieren. So haben mittlerweile alle NATO-Mitgliedstaaten, darunter auch Deutschland (vgl. BMVg 2016), den Cyberspace als eine militärische Domäne anerkannt; damit können sie Cyberoperationen als Angriff einstufen oder selbst in Aktion treten (vgl. NATO 2016). Als Herausforderung erweist sich jedoch die Abstimmung und

Koordinierung von Fähigkeiten, Materialien und Zuständigkeiten bei der gemeinsamen Abwehr von Bedrohungen aus dem Cyberspace sowohl zwischen den Staaten als auch auf nationaler Ebene, wie dies in den jährlichen *Locked Shields*-Übungen deutlich wird (vgl. Backhaus und Wanninger 2018).

Dabei bezeichnet Cyberspace die

> „Umgebung, die durch physische und nicht-physische Komponenten gebildet, und durch die Nutzung von Computern sowie dem elektromagnetischen Spektrum zum Speichern, Modifizieren, und Austauschen von Daten unter Nutzung von Computernetzwerken, charakterisiert wird" (Schmitt 2013, Übersetzung d. Verf.).

Ähnlich definiert das Bundesministerium des Innern Cyberspace als den

> „virtuellen Raum aller IT-Systeme, die global auf Datenebene verknüpft sind. Die Basis des Cyberspace ist das Internet als universelle und öffentlich zugängliche Verbindung und transparentes Netzwerk, das durch beliebig viele zusätzliche Datennetzwerke ergänzt und erweitert werden kann. IT-Systeme in einem isolierten virtuellen Raum sind nicht Teil des Cyberspace" (BMI 2011).

Da es im Cyberspace keine nationalen Grenzen gibt, sind innere und äußere Sicherheit kaum voneinander trennbar. Zu dieser Komplexität trägt zusätzlich bei, dass die darin tätigen Akteure sehr verschiedene Fähigkeiten, Intentionen und Ressourcen einbringen. Hinsichtlich der benötigten Ressourcen lässt sich kaum zwischen defensiven und offensiven Mitteln unterscheiden. Diesem Dilemma unterliegen auch Ansätze des Aufbaus rein ziviler Verteidigungsmechanismen. Zudem bleiben Bedrohungen nicht notwendigerweise auf den Cyberspace begrenzt, da Auseinandersetzungen auch vom Cyberspace auf andere Domänen und dort in bewaffnete Konflikte übergehen können. Des Weiteren existieren sogenannte *Overlay*-Netze, die oberhalb der existierenden Infrastruktur als logisches Netz zu verorten sind. Solche Netze können *Darknets* sein, auf die mit spezifischer Software, mit Konfigurationen oder speziellen Autorisierungen zugegriffen werden kann. Der Zugriff auf diese Netzwerke erfolgt in aller Regel über Anonymisierungsnetzwerke wie beispielsweise TOR (vgl. Mansfield-Devine 2009; Denker et al. 2019), die Nutzerinteraktionen und deren Zuordenbarkeit verschleiern.

3 Technologische Möglichkeiten des Cyberwar

Ähnlich wie der Begriff der Cybersicherheit umfasst der Begriff des Cyberwar sehr viele unterschiedliche Aspekte, die durch ihre jeweils verschiedenen Angriffsformen, Angriffspunkte, Akteure und Motivationen gekennzeichnet sind. Die jeweilige Konstellation entscheidet dabei maßgeblich über die Art des ausgewählten Angriffswerkzeuges. Im Folgenden werden die Charakteristika und exemplarisch einige technische Möglichkeiten dargestellt.

3.1 Cyberkrieg und Cyberangriffe

Das Konzept des Cyberkrieges ist umstritten. Bisher hat es keinen Vorfall gegeben, der international offiziell als Cyberkrieg charakterisiert worden ist. Nichtsdestotrotz muss betont werden, dass Cyberattacken im Rahmen zwischenstaatlicher Konflikte zunehmen. Das betrifft nicht nur Individuen und Unternehmen, sondern auch Regierungen und öffentliche Verwaltungseinrichtungen. Die folgenden Ausführungen beziehen sich auf die letzten beiden Institutionen.

Heute ist die üblichste Form von Cyberangriffen der Versuch, illegal in Computer einzudringen, um Daten zu manipulieren oder zu stehlen (vgl. Neuneck 2017). Die meisten Cyberangriffe, die mit *Proxies* (Zombies) oder *Botnets* eines Zombie-Computers ausgeführt werden, sind *Distributed Denial of Service*-Angriffe (DDoS). Diese können die virtuelle – und insbesondere im Falle einer engen Verbindung die physische – Infrastruktur wie etwa Banken, das Gesundheitssystem oder die Stromversorgung beeinträchtigen (vgl. Gandhi et al. 2011), indem sie IT-Systeme mit unzähligen, gleichzeitig ausgelösten regulären Anfragen überlasten. Ein berühmtes Beispiel hierfür ist die DDoS-Attacke auf Estland im Jahr 2007, bei der die Webseiten des estnischen Parlaments, des Präsidenten und der Regierung sowie der beiden größten estnischen Banken und Nachrichtenportale nicht zugänglich waren (vgl. Hansen und Nissenbaum 2009). Die Angreifer konnten nie identifiziert werden (vgl. Gandhi et al. 2011).

Cyberangriffe können auch Teil von physischen Militäroperationen sein. Solche Angriffe schließen das Schädigen von militärischen Informationssystemen eines Gegners ein. Dies umfasst auch Informationssysteme in Waffen, ist aber nicht auf diese beschränkt. Ein Beispiel dafür, dass solche Operationen bereits durchgeführt wurden, ist das gemeinsame Programm der USA und Israels, Stuxnet, das verwendet wurde, um iranische Urananreicherungsanlagen zu sabotieren (vgl. Nakashima und Warrick 2012; Sanger 2014). Natürlich sind Urananreicherungsanlagen nicht die einzigen Anlagen, die in einem Krieg von strategischer Relevanz sind. Jede Form von kritischer Infrastruktur (beispielsweise die Wasser-, Strom- oder Gasversorgung) stellt ein potenzielles Ziel von Cyberangriffen dar. Es ist sehr wahrscheinlich, dass solche Angriffe nicht in einem Cyberkrieg stattfinden würden, der auf den Cyberspace begrenzt bleibt, sondern in Form kombinierter Operationen im Rahmen eines Krieges, der sowohl im physischen Raum als auch im Cyberspace ausgefochten wird. Aufgrund der Abhängigkeiten von derartigen Infrastrukturen bergen Cyberattacken jedoch auch das Risiko unkalkulierbarer oder unbeabsichtigter Neben- und Ketteneffekte. Dieser Effekt wird durch „Monokulturen" wie beispielsweise bei der Verwendung von Netzwerk-Hardware oder dem großflächigen Einsatz gleicher Betriebssysteme in Organisationen zusätzlich verstärkt. Eine unbeabsichtigte Fremd- oder Eigengefährdung ergibt sich auch aus dem sogenannten *Stockpiling* von Sicherheitslücken. Diese Informationen über Schwächen in populären IT-Produkten bilden die Basis für Cyberwaffen: Sie werden zurückgehalten, um Schutzmaßnahmen in fremden Systemen zu umgehen. Im Falle von Stuxnet führte das durch *Stockpiling* erlangte Wissen um Schwachstellen zur Erstellung der Schadsoftware, die für die Zentrifugen-Steuerungssysteme der iranischen Urananreicherungsanlage in Natanz maßgeschneidert wurde. Jedoch proliferierte die Schadsoftware unbeabsichtigt rund um den Globus, besonders in Asien, und infizierte massenhaft Windows-Betriebssysteme. Dabei entfielen ca. 1,5 Prozent der infizierten Computer auf die USA, wo die Schadsoftware mutmaßlich erstellt wurde (vgl. Shearer 2017).

EternalBlue (vgl. Reinhold 2018b) ist ein analoger Fall: Die NSA entdeckte eine Sicherheitslücke in Windows, informierte den Hersteller Microsoft darüber allerdings nicht, sondern entwickelte ein Tool namens EternalBlue, um die Schwachstelle ausnutzen zu können. Dann wurde das Tool jedoch selbst gehackt und öffentlich zur Verfügung gestellt. Die Vorfälle verdeutlichen, dass unter Umständen auch eigene IT-Systeme ungeschützt bleiben, wenn Hersteller aufgrund von Unkenntnis der Sicherheitslücken keine Anpassungen vornehmen.

3.2 Cyberspionage, -sabotage und -subversion

Informationstechnologien bieten eine Bandbreite an Möglichkeiten für militärische und nicht-militärische Überwachung. Spionage ist ein Versuch, das System eines Gegners zu penetrieren, um sensitive oder geschützte Informationen zu gewinnen. Ein solcher Datendiebstahl kann sozial oder technisch sein (vgl. Rid 2012) und einen ökonomischen oder staatlichen Hintergrund haben (vgl. Neuneck 2017). Spionage war immer relevant in Konflikten und Wettbewerben, entwickelt sich aber zu einem zunehmend akuten Thema in der IT, da Geheimdienste für ihre nachrichtlichen Aufgaben wie die Lagebildaufklärung in fremde IT-Systeme eindringen müssen und sie damit gefährden.

Unter Cyberspionage lassen sich Cyberangriffe durch ausländische Sicherheitsdienste fassen, die gegen die Vertraulichkeit von IT-Systemen gerichtet sind (vgl. Schmitt 2013, S. 14f.). Der Begriff kann

> „als jeder Akt verstanden werden, der heimlich oder unter falschen Vorwänden Cyberkapazität nutzt, um (den Versuch zu unternehmen) Informationen zu sammeln mit der Intention, diese einer nicht befugten Partei zukommen zu lassen. Der Akt muss im Territorium einer der Konfliktparteien stattfinden. ‚Heimlich' bezieht sich auf Aktivitäten, die verdeckt oder geheim unternommen werden, wie bei einer Cyberspionageoperation, die entwickelt wurde, um die Identität der involvierten Personen oder die Tatsache, dass sie stattgefunden hat, zu verbergen" (Schmitt 2013, S. 193, Übersetzung d. Verf.).

Empirisch betrachtet fällt die Mehrheit aller politischen Cybersicherheitsvorfälle in die Kategorie Spionage (vgl. Herrmann 2019). Andere offensive Kategorien sind Sabotage und Subversion. Sabotage ist

„der vorsätzliche Versuch, ein ökonomisches oder militärisches System zu schwächen beziehungsweise zu zerstören. Sabotage ist überwiegend technischer Natur, aber natürlich werden auch soziale Einflussmöglichkeiten genutzt. [...] Die in Sabotage genutzten Mittel müssen nicht immer, können aber zur physischen Zerstörung oder offenen Gewaltausübung führen. Wenn Gewalt genutzt wird, stellen Dinge, nicht Menschen, die primären Ziele dar, auch wenn das endgültige Ziel sein kann, die Kosten-Nutzen-Rechnung von Entscheidungsträgern zu verändern. Sabotage ist meist taktischer Natur und hat selten operative oder strategische Effekte. Je höher die technische Entwicklung und die Abhängigkeit einer Gesellschaft, ihrer Regierung und ihres Militärs von ihr ist, desto höher ist das Potenzial für Sabotage, insbesondere für cyberunterstützte Sabotage" (Rid 2012, Übersetzung d. Verf.).

Cyberspionageoperationen benötigen ein hohes technisches Niveau; komplexe Sabotageoperationen sind noch anspruchsvoller. Sie werden von professionellen Agenten, die von Regierungen oder großen Unternehmen kostenintensiv trainiert wurden, sowie Hackern und Individuen durchgeführt (vgl. Rid 2012). Dem stehen jedoch erheblich höhere Kosten konventioneller Rüstungsprojekte gegenüber. Dieser Umstand lässt eine Cyberoperation, die gezielt unterhalb bewaffneter Konflikte durchgeführt werden kann und keinen Einsatz menschlicher Kräfte mit *boots on the ground* erfordert, in militärischen Planungen als praktikable Alternative erscheinen.

Da IT mit Daten sowie der Qualität von und dem Vertrauen in Informationen arbeitet, stellt Subversion das dritte Ziel dar, das durch das Eindringen in und Manipulieren oder sogar Ausnutzen von Informationssystemen erreicht werden kann (ausführlicher hierzu Kaufhold und Reuter 2019). Unter Subvention verstehen wir

„den vorsätzlichen Versuch, die Autorität, Integrität und Verfassung einer etablierten Institution oder Ordnung zu untergraben. [...] Der Modus Operandi von subversiven Aktivitäten ist das Aushöhlen sozialer Bindungen sowie des Glauben und Vertrauens in den Staat und anderer kollektiver Entitäten. Die von Subversion genutzten Mittel schließen nicht immer Gewalt ein. Ein weit verbreitetes Mittel von Subversion ist Propaganda, beispielsweise Pamphlete, Literatur und Film. Das Vehikel von Subversion ist immer, die Loyalität von Individuen und unberührten Beobachtern zu beeinflussen. Menschliche Köpfe sind das Ziel, nicht Maschinen" (Rid 2012, Übersetzung d. Verf.).

Deutlich hervorzuheben ist, dass jeglicher nicht-autorisierter Zugriff oder Zugriffsversuch auf IT-Systeme eine Beeinträchtigung der Schutzziele von IT-Sicherheit, der Vertraulichkeit, Verfügbarkeit und Integrität, darstellt. Dies bedeutet, dass bereits die Überwindung von Sicherheitsmaßnahmen für Spionagezwecke ohne Schadensabsicht den zuverlässigen Betrieb von IT-Systemen gefährden und unkalkulierte Effekte auslösen kann.

Wie Herrmann (2019) ausführt ist es aus rechtlicher Sicht wichtig, Cyberspionage von destruktiven Formen zu unterscheiden. Destruktive Handlungen, die als Cyberangriffe oder Cybersabotage bezeichnet werden, werden typischerweise als Bedrohung oder Anwendung von Gewalt angesehen. Weissbrodt (2013) schlägt einen einfach durchzuführenden Test vor: Wenn eine Operation nur Informationen sammelt, dann ist es Cyberspionage. Wenn sie darüber hinaus agiert, stellt es mehr als Spionage dar und kann als bewaffneter Konflikt bewertet werden.

3.3 Netzwerkzentrierte Kriegsführung

In den 1980er und 1990er Jahren kam, basierend auf den Dynamiken des Ost-West-Konflikts, eine Diskussion über eine Revolution militärischer Angelegenheiten (*Revolution in Military Affairs*) auf. Die USA reagierten auf die größere Armee der Sowjetunion, indem

Cyberwar zwischen Fiktion und Realität

sie ihre Militärtechnologie verbesserten und dadurch ihre Truppen stärkten (vgl. Franke 2017). Aufbauend auf dieser Tradition etablierten die USA das strategische Konzept der netzwerkzentrierten Kriegsführung (*Network Centric Warfare*, NCW). Das bedeutet die Nutzung von IT zur Modernisierung der Kriegsführung und militärischen Infrastruktur. NCW ist ein operatives Konzept, das auf Informationsüberlegenheit basiert. Sie führt aufgrund der neuen Qualität der Informationsvernetzung von Überwachungs- und Lagebildsystemen, Führungsebenen und Waffen auf dem Schlachtfeld zu einer Erhöhung der Kampfstärke. Das Ziel der Informationsüberlegenheit ist die Dominanz der US-Streitkräfte in allen Bereichen der Kriegsführung, friedenserhaltenden Maßnahmen und Konfliktprävention. Das Konzept wurde bereits in den 1990er Jahren formuliert und setzt auf die Beherrschung des Weltalls als zentrale Komponente des uneingeschränkten Informationsaustausches (vgl. United States Space Command 1997). Die Vorteile einer uneingeschränkten Verfügbarkeit von militärischen Informationen liegt auf der Hand: Ein besserer Überblick und eine höhere Geschwindigkeit der Kommandoprozesse erhöht das organisatorische Tempo und verbessert die Angriffs- und Verteidigungsstärke, sowie die Koordination von Streitkräften (vgl. Lange 2004). NCW hat die Kriegsführung stark verändert und ist der Weg, über den die USA ihre Vormachtstellung zu halten suchen.

3.4 Attribution und Verifikation

Der Vorfall im deutschen Regierungsnetzwerk zeigt, dass die Attribution (Zuordnung) von Verantwortung für solche Vorkommnisse eine große Herausforderung darstellt. Angreifer sind aufgrund der Virtualität dazu in der Lage, ihre Spuren effektiv zu verwischen oder über unzählige zwischengeschaltete Systeme zu agieren. Eine

Rückverfolgung der Spuren ist daher in den meisten Fällen sehr zeitaufwändig und erfordert die Analyse aller verwendeten Systeme. In ähnlicher Weise konnten bei einem Cyberangriff, der 2008 während des Konflikts zwischen Russland und Georgien stattfand, keine spezifischen Angaben über die Angreifer gemacht werden, obwohl später ein *Botnet Provider* gefunden wurde, der teilweise für die Angriffe verantwortlich war (vgl. Gandhi et al. 2011).

Ein Grund für den Mangel an Rechenschaftspflicht bei Cyberangriffen ist die Schwierigkeit, eine Täterin oder einen Täter mit hoher Tatwahrscheinlichkeit öffentlich überzeugend zu identifizieren. Cyberattacken werden in aller Regel über fremdgesteuerte IT-Systeme Dritter durchgeführt. Über vielschichtige Pfade und zwischengeschaltete Systeme sind sie verborgen oder ihr Ursprung bleibt durch andere Maßnahmen verschleiert. Eine glaubwürdige Cyberattribution

> „benötigt spezifische Beweise, die an bestimmte Vorfälle gebunden sind, deren Stärke überprüft, bewertet und durch unabhängige Experten bestätigt werden kann" (Davis et al. 2017, Übersetzung d. Verf.)

Der Prozess ist sehr komplex, vielschichtig und zeitaufwändig, weshalb er spezialisierte und robuste Kapazitäten sowie in vielen Fällen internationale Kooperation erfordert. Aber selbst unter solchen optimalen Umständen sind die Ergebnisse häufig nicht glaubhaft. Zusätzlich zu einer komplexen Analyse von technischen Daten ist ein Verständnis von potenziellen politischen und ökonomischen Motivationen des Angriffs notwendig sowie – wenn möglich – eine Analyse der relevanten *Open Source Intelligence* (vgl. Davis et al. 2017), also der Auswertung öffentlich verfügbarer Datenquellen.

Es gibt eine zunehmende Zahl von Regierungsorganisationen, Unternehmen und Forschungsorganisationen, die in der Lage sind, Cyberangriffe zuzuordnen. Aber diese Akteure nutzen keine standardisierte Methodologie und unterliegen nationalen Interessen. Dies verringert die Glaubwürdigkeit und öffentliche Überzeugungskraft der Attribution. Um einen transparenten Prozess der Attribution und vertrauensbildende Mechanismen zu etablieren, haben globale Softwareunternehmen wie Microsoft Forschungsprojekte finanziert, die sich für die Einführung einer unabhängigen Institution im Rahmen der Vereinten Nationen für Attribution einsetzen und internationale Normen in Form von „digitalen Genfer Konventionen" fordern (vgl. Davis et al. 2017; Saalbach 2019).

Ein solches Abkommen könnte zu einer Regulation der internationalen Beziehungen bezüglich der Cybersicherheit beziehungsweise der Kontrolle militärischer Cyberkapazitäten führen. Ein Prozess zur Verifikation als möglicher Teil eines solchen Vertrages könnte beispielsweise Inspektionen ermöglichen, die für alle Parteien sicherstellen, dass die Vertragsbedingungen sowie vereinbarte Restriktionen und Begrenzungen technischer Kapazitäten eingehalten werden. Eine solche Verifikation würde einen dreistufigen Prozess umfassen, der sich aus einem Monitoring von Aktionen, die für die Erfüllung von Vertragsverpflichtungen von Relevanz sind, der Analyse von Beweismaterial, das auf eine Nichteinhaltung hinweisen könnte, sowie der Feststellung, ob ein Fall von Nichteinhaltung vorliegt, zusammensetzen könnte (vgl. Caughley 2016). Verifikation ist einerseits für die Durchsetzung internationaler Verträge notwendig, andererseits aber auch Teil eines vertrauensbildenden Prozesses zwischen feindlichen Staaten (vgl. Reinhold und Reuter 2019), um unkontrollierte Rüstungswettläufe zu verhindern.

3.5 Cyberabwehr

Das Tallinn Manual definiert aktive Cyberabwehr als eine

> „proaktive Maßnahme zur Feststellung oder Erlangung von Informationen über eine Cyberintrusion [ein Eindringen in den Cyberraum, Anm. d. Verf.], einen Cyberangriff oder eine bevorstehende Cyberoperation beziehungsweise zur Ermittlung der Herkunft einer Operation, die das Beginnen einer präemptiven, präventiven oder Gegenoperation beinhaltet, die gegen die Quelle gerichtet ist" (Schmitt 2013, S. 257, Übersetzung d. Verf.).

Vorbereitungen für einen präemptiven Angriff oder die Drohung, einen durchzuführen, wird auch als Cyberabschreckung verstanden. Das Konzept des präemptiven Angriffs ist jedoch ein recht neues und darüber hinaus hoch umstritten. Denn in Abgrenzung zum im internationalen Recht etablierten Begriff des präventiven Krieges zum Zweck der Selbstverteidigung im Falle eines unmittelbar bevorstehenden Angriffs weitet das Konzept des präemptiven Krieges diese Unmittelbarkeit aus und lässt ihre Grenzen verschwimmen. So soll auch diffuseren Bedrohungen wie dem Terrorismus völkerrechtlich legitimiert mit militärischen Mitteln entgegengetreten werden können. Eine Vielzahl von Völkerrechtlerinnen und Völkerrechtlern hält diese Auslegung jedoch für rechtswidrig und weist das Konzept, dessen Erfinder vornehmlich im Justizministerium der Bush-Administration beheimatet waren, zurück (vgl. Wissenschaftliche Dienste des Deutschen Bundestages 2007). Darüber hinaus ist auch eine passive Cyberabwehr möglich. Sie beinhaltet

> „Maßnahmen zur Feststellung und Minimierung einer Cyberintrusion und der Folgen eines Cyberangriffs, die nicht das Beginnen einer präemptiven, präventiven oder Gegenoperation beinhaltet, die gegen die Quelle gerichtet ist. Beispiele für passive Cyberabwehr sind *Firewalls*, *Patches*, Anti-Virus-Software und digitale

forensische Tools" (Schmitt 2013, S. 261, Übersetzung d. Verf.; vgl. auch Herrmann 2019).

Vorbeugende technische Sicherheits- und Schutzmaßnahmen der Entkopplung kritischer Infrastrukturen, also die strikte Trennung wichtiger IT-Systeme vom Internet, bieten angesichts der Fähigkeiten staatlicher Angreifer kaum Schutz. Dies wurde im Fall von Stuxnet deutlich, bei dem es den Angreifern gelang, industrielle Kontrollsysteme, die nicht ans Internet angeschlossen waren, zu infizieren. Darüber hinaus sind solche Sicherheitskonzepte ebenso wie der Aufbau manuell steuerbarer Notfallsysteme oder die gezielte Trennung von Daten und Software-Steuerungslogik kaum mit den aktuellen Tendenzen der Dezentralisierung, Automatisierung und Optimierung mit Hilfe von IT-Systemen in Einklang zu bringen. Eine Grundvoraussetzung dieser Prozesse ist der massive Einsatz von IT für die Informationsgewinnung, deren Auswertung und die Steuerung von Geräten sowie die umfassende Vernetzung dieser Systeme. All diese Systeme müssten durch entsprechende Schutzmaßnahmen gesichert werden, sorgen in aller Regel aber eher dafür, dass Angreifer über die Vernetzung on peripheren Systemen auch Zugriff auf zentrale Systeme wie Datenbanken oder Steuerungsalgorithmen erhalten.

4   Fazit

Die bestehende Forschung zeigt, dass die Informationstechnologie einen wesentlichen Einfluss auf die Kriegsführung und Militärstrategien hat. Einerseits setzen militärische Kräfte zunehmend auf den Cyberspace, schaffen Kapazitäten für das offensive Wirken in dieser Domäne und stellen sie sogar, wie im Falle der USA, ins Zentrum der zukünftigen Kriegsführung. Andererseits fehlen jedoch geeignete Antworten für die internationale Regulierung von Cyberkonflikten und die aktuelle Aufrüstungsdynamik. Dieser Umstand ist auch der permanenten Ambiguität geschuldet, die den Cyberspace, seine Akteure und die in ihm ausgeführten Operationen verhüllt: Es gibt weder Trennlinien zwischen innerer und äußerer Sicherheit noch lässt sich klar bestimmen, welche Cyberressourcen defensiven oder offensiven Zwecken zugeordnet werden können.

Weiterhin existieren zahlreiche technische Möglichkeiten, von denen in diesem Beitrag einige exemplarisch genannt wurden. Auch wenn es bislang keinen Cyberkrieg gegeben hat und das Konzept strittig bleibt, steigt die Zahl der Cyberangriffe. Hervorzuheben sind hier die Datenmanipulation sowie das Blockieren oder Beschädigen gegnerischer Systeme mit DDoS-Angriffen und maßgeschneiderter Schadsoftware, die gezielt Sicherheitslücken ausnutzt. Die Wichtigkeit des Cyberspace lassen auch Cyberspionage, -sabotage und -subversion an Bedeutung gewinnen. Spionage in gegnerischen Systemen ist zum integralen Bestandteil von Geheimdienstarbeit geworden und stellt die Mehrzahl der sicherheitsrelevanten Vorfälle im Cyberspace dar.

Die digitale Revolution setzt sich auch mit der netzwerkzentrierten Kriegsführung fort, die ansetzt, die das Potenzial hat, die Kriegsführung dauerhaft zu transformieren. Attribution und Verifikation sind weiterhin mit Problemen behaftet, obwohl sie zur Durchsetzung internationalen Rechts unabdingbar sind. Schließlich steht die Cyberabwehr vor rechtlichen Dilemmata, nicht zuletzt aufgrund fehlender Normen bezüglich Präemption, Prävention und Gegenoperationen. Die Besonderheiten im Cyberspace im Kontext von Frieden und Sicherheit machen eine gesonderte Betrachtung notwendig, um der Komplexität und Ambiguität des Feldes gerecht zu werden.

Literatur

Altmann, Jürgen. 2019. Natural-Science/Technical Peace Research. In *Information Technology for Peace and Security - IT-Applications and Infrastructures in Conflicts, Crises, War, and Peace*, hrsg. von Christian Reuter, 39–60. Wiesbaden: Springer Vieweg.

Altmann, Jürgen, Martin Kalinowski, Ulrike Kronfeld-Goharani, Wolfgang Liebert und Götz Neuneck. 2010. Naturwissenschaft, Krieg und Frieden. In *Friedens- und Konfliktforschung*, hrsg. von Peter Schlotter und Simone Wisotzki, 410–445. Baden-Baden: Nomos.

Backhaus, Michael und Sebastian Wanninger. 2018. *Auf dem digitalen Gefechtsfeld – Locked Shields*. Berlin: BMVg.

Bernhardt, Ute und Ingo Ruhmann. 2017. Informatik. In *Naturwissenschaft – Rüstung – Frieden*, hrsg. von Jürgen Altmann, Ute Bernhardt, Kathryn Nixdorff, Ingo Ruhmann und Dieter Wöhrle, 337–448. Wiesbaden: Springer VS.

Bundesamt für Sicherheit in der Informationstechnik (BSI). 2013. IT-Grundschutz: Glossar und Begriffsdefinitionen. https://www.bsi.bund.de/DE/Themen/ITGrundschutz/ITGrundschutzKataloge/Inhalt/Glossar/glossar_node.html. Zugegriffen: 24. Juni 2019.

Bundesamt für Sicherheit und Informationstechnik (BSI). 2016. Die Lage der IT-Sicherheit in Deutschland 2016. https://www.bsi.bund.de/SharedDocs/Downloads/DE/BSI/Publikationen/Lageberichte/Lagebericht2016.pdf?__blob=publicationFile&v=5. Zugegriffen: 24. Juni 2019.

Bundesamt für Sicherheit und Informationstechnik (BSI). 2017. Cyber-Sicherheit. https://www.bsi.bund.de/DE/Themen/Cyber-Sicherheit/cyber-sicherheit_node.html. Zugegriffen: 24. Juni 2019.

Bundesministerium der Verteidigung (BMVg). 2016. *Abschlussbericht Aufbaustab Cyber- und Informationsraum*. Berlin: BMVg.

Bundesministerium des Inneren (BMI). 2011. *Cyber-Sicherheitsstrategie für Deutschland*. Berlin: BMI.

Caughley, Tim. 2016. Nuclear Disarmament Verification: Survey of Verification Mechanisms. http://www.unidir.org/files/publications/pdfs/survey-of-verification-mechanisms-en-657.pdf. Zugegriffen: 24. Juni 2019.

Chivvis, Christopher S. und Cynthia Dion-Schwarz. 2017. Why It's So Hard to Stop a Cyberattack - and Even Harder to Fight Back. https://

www.rand.org/blog/2017/03/why-its-so-hard-to-stop-a-cyberattack-and-even-harder.html. Zugegriffen: 24. Juni 2019.

Davis II, John S., Benjamin Boudreaux, Jonathan William Welburn, Cordaye Ogletree, Geoffrey McGovern und Michael S. Chase. 2017. Stateless Attribution: Toward International Accountability in Cyberspace. https://www.rand.org/pubs/research_reports/RR2081.html. Zugegriffen: 24. Juni 2019.

Denker, Kai, Marcel Schäfer und Martin Steinebach. 2019. Darknets as Tools for Cyber Warfare. In *Information Technology for Peace and Security - IT-Applications and Infrastructures in Conflicts, Crises, War, and Peace*, hrsg. von Christian Reuter, 107–135. Wiesbaden: Springer Vieweg.

Franke, Ulrike Esther. 2017. Die Revolution in Militärischen Angelegenheiten. In *Friedens- und Konfliktforschung*, hrsg. von Tobias Ide, 69–92. Opladen: Verlag Barabara Budrich.

Gandhi, Robin, Anup Sharma, William Mahoney, William Sousan, Qiuming Zhu und Phillip Laplante. 2011. Dimensions of Cyber-Attacks: Cultural, Social, Economic, and Political. *IEEE Technology and Society Magazine*, 30 (1): 28–38.

Hansen, Lene und Helen Nissenbaum. 2009. Digital Disaster, Cyber Security, and the Copenhagen School. *International Studies Quarterly* 53 (4): 1155–1175.

Herrmann, Dominik. 2019. Cyber Espionage and Cyber Defence. In *Information Technology for Peace and Security - IT-Applications and Infrastructures in Conflicts, Crises, War, and Peace*, hrsg. von Christian Reuter, 83–106. Wiesbaden: Springer Vieweg.

Hollick, Matthias und Stefan Katzenbeisser. 2019. Resilient Critical Infrastructures. In *Information Technology for Peace and Security - IT-Applications and Infrastructures in Conflicts, Crises, War, and Peace*, hrsg. von Christian Reuter, 305–318. Wiesbaden: Springer Vieweg.

ISO 27001. 2015. Informationstechnik - IT-Sicherheitsverfahren - Informationssicherheits-Managementsysteme - Anforderungen (ISO/IEC 27001:2013 + Cor. 1:2014). https://cyber-peace.org/cyberpeace-cyberwar/relevante-cybervorfalle/wannacry-eternalblue/. Zugegriffen: 24. Juni 2019.

Kaufhold, Marc-André und Christian Reuter. 2019. Cultural Violence and Peace in Social Media. In *Information Technology for Peace and Security - IT-Applications and Infrastructures in Conflicts, Crises,*

War, and Peace, hrsg. von Christian Reuter, 361–381. Wiesbaden: Springer Vieweg.

Lange, Sascha. 2004. Netzwerk-basierte Operationsführung: Streitkräfte-Transformation im Informationszeitalter. https://www.ssoar.info/ssoar/handle/document/24349. Zugegriffen: 24. Juni 2019.

Mansfield-Devine, Steve. 2009. Darknets. *Computer Fraud & Security* 2009 (12): 4–6.

Mascolo, Georg, Ronen Steinke und Hakan Tanriverdi. 2018. Die Geschichte eines Cyber-Angriffs. *Süddeutsche Zeitung* vom 30. April 2018.

Nakashima, Ellen und Joby Warrick. 2012. Stuxnet Was Work of U.S. and Israeli Experts, Officials Say. *Washington Post*. https://www.washingtonpost.com/world/national-security/stuxnet-was-work-of-us-and-israeli-experts-officials-say/2012/06/01/gJQAlnEy6U_story.html?noredirect=on&utm_term=.18554a394933. Zugegriffen: 24. Juni 2019.

NATO. 2016. *Warsaw Summit Communiqué*. https://www.nato.int/cps/en/natohq/official_texts_133169.htm. Zugegriffen: 24. Juni 2019.

Neuneck, Götz. 2017. Krieg Im Internet? Cyberwar in Ethischer Reflexion. In *Handbuch Friedensethik*, hrsg. von Ines-Jacqueline Werkner und Klaus Ebeling, 805–816. Wiesbaden: Springer VS.

Reinhold, Thomas. 2018a. Hack der deutschen Regierungsnetze. Datenbank relevante Cybervorfälle. 2018. https://cyber-peace.org/cyberpeace-cyberwar/relevante-cybervorfalle/hack-der-deutschen-regierungsnetze/. Zugegriffen: 24. Juni 2019.

Reinhold, Thomas. 2018b. WannaCry / EternalBlue. https://cyber-peace.org. Zugegriffen: 24. Juni 2019.

Reinhold, Thomas und Christian Reuter. 2019. Verification in Cyberspace. In *Information Technology for Peace and Security - IT-Applications and Infrastructures in Conflicts, Crises, War, and Peace*, hrsg. von Christian Reuter, 257–275. Wiesbaden: Springer Vieweg.

Reuter, Christian (Hrsg.). 2019. *Information Technology for Peace and Security - IT-Applications and Infrastructures in Conflicts, Crises, War, and Peace*. Wiesbaden: Springer Vieweg.

Reuter, Christian, Larissa Aldehoff, Thea Riebe und Marc-André Kaufhold. 2019. IT in Peace, Conflict and Security Research. In *Information Technology for Peace and Security – IT-Applications and Infrastructures in Conflicts, Crises, War, and Peace*, hrsg. von Christian Reuter, 11–37. Wiesbaden: Springer Vieweg.

Rid, Thomas. 2012. Cyber War Will Not Take Place. *Journal of Strategic Studies* 35 (1): 5–32.

Riebe, Thea und Christian Reuter. 2019. Dual-Use and Dilemmas for Cybersecurity, Peace and Technology Assessment. In *Information Technology for Peace and Security - IT-Applications and Infrastructures in Conflicts, Crises, War, and Peace*, hrsg. von Christian Reuter, 165–183. Wiesbaden: Springer Vieweg.

Ruhmann, Ingo und Ute Bernhardt. 2019. Information Warfare - From Doctrine to Permanent Conflict. In *Information Technology for Peace and Security - IT-Applications and Infrastructures in Conflicts, Crises, War, and Peace*, hrsg. von Christian Reuter, 63–82. Wiesbaden: Springer Vieweg.

Saalbach, Klaus-Peter. 2019. Attribution of Cyber Attacks. In *Information Technology for Peace and Security - IT-Applications and Infrastructures in Conflicts, Crises, War, and Peace*, hrsg. von Christian Reuter, 279–304. Wiesbaden: Springer Vieweg.

Sanger, David E. 2014. Syria War Stirs New U.S. Debate on Cyberattacks. https://www.nytimes.com/2014/02/25/world/middleeast/obama-worried-about-effects-of-waging-cyberwar-in-syria.html. Zugegriffen: 24. Juni 2019.

Schmitt, Michael. 2013. *Tallinn Manual on the International Law Applicable to Cyber Warfare*. Cambridge: Cambridge University Press.

Shearer, Jarrad. 2017. W32.Stuxnet. https://symantec.com. Zugegriffen: 24. Juni 2019.

Solms, Rossouw von und Johan van Niekerk. 2013. From Information Security to Cyber Security. *Computers and Security* 38: 97–102.

United States Space Command. 1997. Network Centric Warfare: Background and Oversight Issues for Congress. https://apps.dtic.mil/dtic/tr/fulltext/u2/a476256.pdf. Zugegriffen: 24. Juni 2019.

Weissbrodt, David. 2013. Cyber-Conflict, Cyber-Crime, and Cyber-Espionage. *Minnesota Journal of International Law* 22.

Wissenschaftliche Dienste des Deutschen Bundestages. 2007. Zum Konzept der präemptiven Selbstverteidigung. Berlin: Deutscher Bundestag.

Gewalt im Cyberraum – ein politikwissenschaftlicher Blick auf Begriff und Phänomen des Cyberkrieges

Niklas Schörnig

1 Einleitung

Schon 1993 prognostizierten John Arquilla und David Ronfeldt (1993) mit ihrem wegweisenden Artikel: „Cyberwar is coming!". Dort sagten die Autoren ein Cyber-Pearl Harbour voraus. 2017 hingegen kam der Cyberexperte Thomas Rid (2017) zu dem Schluss, zu einem Cyberwar würde es nicht kommen. Gut 25 Jahre nach dem ersten bahnbrechenden Text zum Thema stellt sich also die Frage, ob sich Arquilla und Ronfeld schlicht irrten, ein Cyberkrieg nicht bemerkt wurde, der Kriegszustand im Cyberbereich inzwischen vielleicht zum Dauerzustand geworden ist oder alle Antworten gleichermaßen einen Funken Wahrheit in sich tragen.[1]

---

1 Teile des Texts basieren auf dem Material, das im Rahmen der Lerneinheit des *EU Non-Proliferation and Disarmament eLearning Course* zu „Emerging Technologies" im Abschnitt zu Cybersecurity vorgestellt wird. https://nonproliferation-elearning.eu/learningunits/emerging-technologies/.

© Springer Fachmedien Wiesbaden GmbH, ein Teil von Springer Nature 2019
I.-J. Werkner und N. Schörnig (Hrsg.), *Cyberwar – die Digitalisierung der Kriegsführung*, Gerechter Frieden,
https://doi.org/10.1007/978-3-658-27713-0_3

Seit der Warnung von Arquilla und Ronfeld ist zumindest viel passiert. Fast alle technologisch fortgeschrittenen Staaten und auch Organisationen wie beispielsweise die EU haben inzwischen eigene Cyberstrategien entwickelt sowie zivile und militärische Cybereinheiten zur Abwehr von Cyberattacken aufgestellt. Das Pentagon wertete 2011 den Cyberspace zu einer *operational domain* auf und setzte den Cyberraum damit Land, See, Luft und Weltraum gleich. Es gibt tatsächlich eine Reihe verschiedener Cyberangriffe, die speziell in den letzten Jahren publik geworden sind. Allerdings zeigt der Blick auf diese Vorfälle, von denen einige später noch detaillierter diskutiert werden, dass nicht alles, was von Politikerinnen und Politikern oder in den Medien als Cyberkrieg etikettiert wird, tatsächlich dieses Label verdient. Vielmehr ist das Gegenteil der Fall: Von Krieg im eigentlichen Sinn unterscheiden sich viele Cybervorfälle deutlich.

Gerade der sehr unterschiedliche Charakter der bekannt gewordenen kritischen Vorkommnisse zeigt, dass es grundlegender Differenzierung der Cyberangriffe bedarf. Nicht jede Form eines Cybervorfalls kann und darf mit einem klassischen bewaffneten Angriff gleichgesetzt werden, der Selbstverteidigung (oder gar einen Präventivschlag) rechtfertigt. Denn in einem ersten Schritt bleiben Cyberangriffe auf digitale Systeme selbst beschränkt und erzielen, wie noch zu diskutieren sein wird, physische Wirkungen in der realen Welt erst als sekundäre Effekte. Das macht den staatlichen Cyberangriff aus ethischer Sicht gerade für westliche Demokratien *prima facie* sogar außerordentlich attraktiv. Fällt die grundsätzliche Entscheidung, zum Wohle der Gesellschaft oder bedrohter Individuen und Gruppen Gewalt auszuüben, so sind auf der nächsten Ebene Proportionalitätsüberlegungen zu treffen, die einen Gewalteinsatz gemäß dem Verhältnismäßigkeitsprinzip beschränken und so die Legitimität des Einsatzes erhöhen beziehungsweise sicherstellen. Viele der Argumente, die zum Beispiel die Befürworterinnen und

Gewalt im Cyberraum 41

Befürworter einer Drohnenkriegsführung oder gar des Einsatzes autonomer Waffen anführen (kritisch dazu Sauer und Schörnig 2012), lassen sich auf Cyberangriffe übertragen: Der Gedanke, Angriffe mit möglichst geringen Verlusten auf der eigenen Seite und unter Zivilistinnen und Zivilisten der Gegenseite durchzuführen, der gerade für westliche Staaten besonders verlockend ist (vgl. Schörnig und Lembcke 2006; Sauer und Schörnig 2012), findet in Cyberangriffen scheinbar die bestmögliche Umsetzung. Die Möglichkeit, im Idealfall die Waffen des Gegners elektronisch abzuschalten, statt die Waffe physisch zu zerstören und dabei gar den Gegner selbst zu töten, erweist sich auf den ersten Blick als human und bedacht. Der Zugriff auf neue Zwischenstufen des Zwangs, die die weite Kluft zwischen nichtmilitärischen Sanktionen und militärischen Interventionen überbrücken können, erscheint angesichts eines Trends zu mit Zwang behafteter Diplomatie hilfreich, glaubwürdig, skaliert und legitim (vgl. Daase 2019). Dies ist die eine Seite der Medaille.

Auf der anderen Seite stellen sich beim Einsatz von „Cyber-Wirkmitteln" aber auch kritische Fragen. Eine der wichtigsten ist: Nimmt die Möglichkeit von Cyberangriffen Einfluss auf die Abwägungen für oder gegen Krieg? Senkt sich vielleicht die Schwelle zum Einsatz militärischer Mittel, eben weil Cyberwaffen sowohl einen militärischen Erfolg als auch eine humanitäre Umsetzung, also minimale oder gar keine Opfer, versprechen?

Vor dem Hintergrund dieser Debatte ist es das Ziel des Beitrages, sich dem Phänomen des Cyberwar kategorial zu nähern. Dazu gilt es zunächst, einen Blick auf die Frage zu werfen, was prinzipiell unter Krieg zu verstehen ist und inwieweit der Begriff des Cyberwar zur klassischen Begrifflichkeit kompatibel ist. Denn, so wird sich zeigen, nur die wenigsten Cybervorfälle können oder sollten als Krieg bezeichnet werden. Eine sprachliche Differenzierung ermöglicht auch einen differenzierten Umgang mit verschiedenen

Formen von Cybervorfällen, ohne immer sofort den dramatischsten Fall annehmen zu müssen.

2 Gängige Kriegsdefinitionen

Unter Juristinnen und Juristen herrscht heute weitgehend Einigkeit darüber, dass der Kriegsbegriff keine völkerrechtlich relevante Kategorie mehr ist und bestenfalls eine untergeordnete Relevanz besitzt. Wer die Charta der Vereinten Nationen genau studiert, stellt fest, dass der Kriegsbegriff nur noch in der Präambel auftaucht. Dort wird das Ziel formuliert, „künftige Geschlechter von der Geisel des Krieges zu bewahren". Ansonsten spricht die UN-Charta bewusst von *Gewalt in den internationalen Beziehungen* und nicht mehr von Krieg. Auch ist heute der Begriff des Kriegsrechts weitgehend überwunden. Stattdessen sprechen progressive Völkerrechtlerinnen und Völkerrechtler vom „Recht bewaffneter Konflikte" oder vom „humanitären Völkerrecht". Eigentlich hat der Begriff Krieg als Rechtsbegriff – so der Völkerrechtler Michael Bothe – sogar „ausgedient" (zit. nach Kreye 2010).

Für Völkerrechtlerinnen und Völkerrechtler ist zentral, ob eine bestimmte Auseinandersetzung einem bewaffneten Konflikt entspricht oder ob zumindest in einer bestimmten Region ein bewaffneter Konflikt vorliegt. Diese Frage stellt sich zum Beispiel dann, wenn es um das Recht zur Selbstverteidigung nach Artikel 51 UN-Charta geht, oder bei der Frage, ob das *ius in bello* Anwendung findet. Insgesamt ist der bewaffnete Konflikt niederschwelliger anzusetzen als der Kriegsbegriff. Allerdings gibt es im Völkerrecht keine klare Definition, wann ein bewaffneter Konflikt vorliegt.

Trotzdem – oder gerade deswegen – trägt der Begriff Krieg eine besondere, existenzielle Konnotation in sich. Jeder und jede hat eine Vorstellung im Kopf, wenn er oder sie den Begriff Krieg hört. Unsere Vorstellung in Deutschland ist meist geprägt von den Bildern des Ersten, aber noch viel stärker des Zweiten Weltkrieges. Gleichzeitig erinnert uns zum Beispiel Lawrence Freedman (2012, S. 19), dass das berechtigte Unbehagen, das dem Begriff des Krieges anhängt, zur verklärenden Nutzung von Euphemismen führt. Statt von Krieg wird dann verharmlosend von militärischen Kampagnen, Operationen, Polizeieinsätzen etc. gesprochen – besonders, so mag man anführen, von denen, die die Gewalt einsetzen. Auf der anderen Seite wird der Begriff auch inflationär zur Dramatisierung genutzt, um Entschlossenheit zu signalisieren, vorzugsweise in den USA: Da gibt es dann den Krieg gegen Drogen, Terrorismus oder Armut. Und es wird sogar von einem „Krieg gegen Weihnachten" gesprochen (Springer 2018, S. 136f.), zum Beispiel wenn ein Unternehmen statt „frohe Weihnachten" „nur" „fröhliche Feiertage" wünscht, um die vermeintlich besondere Verabscheuungswürdigkeit dieses Verhaltens hervorzuheben. Es ist also sehr wichtig, genau hinzuschauen, wie der Kriegsbegriff Verwendung findet.

Grundsätzlich ist der Begriff des Krieges konstitutiv an das Merkmal der Gewalt gebunden, gleichzeitig stellt er aber nur eine Sonderform der Gewalt dar (vgl. Pfetsch 2017, S. 867). Dabei kann politische Gewalt verstanden werden als

> „(1) die direkte physische Schädigung von Menschen durch Menschen, die (2) zu politischen Zwecken stattfindet […], die außerdem (3) im öffentlichen Raum, vor den Augen der Öffentlichkeit und an die Öffentlichkeit als Unterstützer, Publikum oder Schiedsrichter appellierend stattfindet" (Enzmann 2013, S. 46).

Direkte physische Schädigungen als ein zentrales Merkmal von Gewalt sind möglicherweise nicht ausreichend, man denke nur an Johan Galtungs Konzept der strukturellen Gewalt; gleichwohl bilden sie aber ein wichtiges Kriterium. Dies drückt sich auch in den Versuchen vieler Politikwissenschaftlerinnen und -wissenschaftler aus, die Begriffe Krieg und bewaffneten Konflikt quantitativ zu definieren und so zu operationalisieren.

Das *Correlates of War*-Projekt der Universität Michigan war hierbei ab 1963 Vorreiter und versuchte eine Klassifizierung kriegerischer Gewalt über die Anzahl der in einem Konflikt getöteten Personen. So definieren J. David Singer und Melvin Small zwischenstaatlichen Krieg als eine Auseinandersetzung mit mindestens einem staatlichen Akteur auf jeder Seite und 1.000 im Kampf Gefallenen („battle death"). Damit ein Staat als teilnehmende Partei gelten kann, muss er mindestens 100 Gefallene oder mindestens 1.000 am Kampf beteiligte Soldaten aufweisen (vgl. Singer und Small 1972, S. 381). Aktueller, aber trotzdem sehr ähnlich, sind die Definitionen des *Uppsala Conflict Data Program* der Universität Uppsala. Auch hier zeichnet sich ein Krieg durch 1.000 Gefallene aus, allerdings in einem Kalenderjahr.[2] Diese Definition gilt inzwischen als „generally accepted criterion for classifying an armed conflict as war" (Jakobsen 2019, S. 286). Die Schwelle zu einem bewaffneten Konflikt hingegen setzt man in Uppsala niedriger an: Danach liegt ein bewaffneter Konflikt vor, wenn in einem Kalenderjahr mindestens 25 Gefallene zu beklagen sind. Ein Krieg ist diesen Definitionen entsprechend ein besonders opferreicher bewaffneter Konflikt.

Obwohl diese Definitionen zunächst stark durch die Betrachtung zwischenstaatlicher Konflikte bestimmt waren, lassen sie sich prinzipiell auch auf Konflikte anwenden, bei denen auf einer Seite kein staatlicher Akteur beteiligt ist, also auch auf die heute dominierenden innerstaatlichen Konflikte.

Insgesamt lässt sich festhalten, dass bewaffnete Konflikte und Krieg im Wesentlichen über den Grad ihrer Gewalthaltigkeit, ge-

---

2 https://www.pcr.uu.se/research/ucdp/definitions/. Zugegriffen: 28. Mai 2019.

messen über das Kriterium gefallener Soldatinnen und Soldaten, unterschieden wird. Schon hier deutet sich an, dass ein Cyberkrieg von der klassischen politikwissenschaftlichen Vorstellung von Krieg deutlich abweicht.

3 Unterschiedliche Formen von Cyberangriffen und ihre rechtliche Einordnung

Vor dem Hintergrund der im letzten Abschnitt gegebenen Definitionen, aber auch den Warnungen, die sowohl auf einen zu leichtfertigen Gebrauch des Kriegsbegriffes als auch auf die Verschleierung durch Euphemismen hinweisen, stellt sich nun die Frage, ob beziehungsweise unter welchen Bedingungen der Begriff Cyberkrieg gerechtfertigt werden kann und welche alternativen Formen von Cybervorfällen oder Cyberangriffen zu unterscheiden sind. Sind alle Cybervorfälle gleich problematisch oder gibt es eine Differenz im Grad ihrer Gewalttätigkeit? Welche Handlungen im Internet sind durch das Recht (sei es national oder per Völkerrecht) schon jetzt verboten und wo befindet sich eine Grauzone? Der Fokus soll nun vor allem auf die zwischenstaatliche Ebene gelegt werden.

Eine von der NATO eingesetzte Expertengruppe veröffentlichte 2013 das Tallinn Manual[3] (Schmitt 2013), in dem sie sich der Frage, wann ein Cyberangriff einem bewaffneten Angriff gleichgesetzt werden könne, widmete. Aus staatlicher Sicht erweist sich diese Frage als zentral, leitet sich aus ihr das durch die UN-Charta verbriefte Recht auf Selbstverteidigung ab.

---

3 Zur 2017 erschienenen, erweiterten Fassung des Tallinn Manual vgl. den Beitrag von Leonhard Kreuzer in diesem Band.

Die Expertinnen und Experten kamen grundsätzlich zu dem Urteil, dass das klassische Völkerrecht durchaus auch im Cyberbereich Anwendung finde, es sich also mitnichten um einen rechtsfreien Raum handle. Gleichzeitig argumentierten sie konsequent, dass – wie im realen Bereich auch – nicht jede schädigende Handlung als kriegerischer Akt verstanden werden könne, der automatisch das Selbstverteidigungsrecht nach Art. 51 UN-Charta auslöst. Zwar dürfen Staaten sich gegen niedrigschwellige Attacken durchaus zur Wehr setzen, aber es müsse angemessen und zurückhaltend erfolgen.

Das Tallinn Manual definiert einen Cyberngriff, der physische Selbstverteidigung erlauben würde, als Operation, bei der man vernünftigerweise erwarten kann, dass sie „injury or death to persons or damage or destruction to objects" (Schmitt 2013, S. 106) zur Folge hat. Es muss also ein physischer Schaden, vergleichbar einem konventionellen Angriff, entstehen. Rein finanzielle Verluste oder ideelle „Schäden" würden darunter nicht fallen.

Damit gilt es also, die unterschiedlichen Formen von Cyberangriffen ebenso abzuschichten wie es beim Gewaltbegriff üblich ist (vgl. u. a. Pfetsch 2017, S. 868). Entsprechend muss zwischen verschiedenen Arten von Attacken differenziert werden; sie unterscheiden sich in ihren Auswirkungen und dem Recht auf Selbstverteidigung (vgl. u. a. Singer und Friedman 2014, 67f.). Dabei ist aber immer zu bedenken, dass die Unterscheidungen durchaus Grauzonen aufweisen und die Übergänge fließend sind.

Die vermutlich ungefährlichste Form stellt *Hacktivism* beziehungsweise Hacktivismus dar, worunter die Begriffe Hacking und Aktivismus subsumiert werden (vgl. Füllgraf 2015). Ziel ist Protest oder Propaganda mit möglichst hoher Aufmerksamkeit. So fallen zum Beispiel das öffentlichkeitswirksame Verunstalten einer

Webseite[4] oder auch bestimmte *Denial of Service* (DoS)-Attacken auf unliebsame Webseiten unter *Hacktivism*. Bei DoS-Attacken werden zeitgleich sehr viele Anfragen an einen Server geschickt, so dass dieser überlastet wird und keine legitimen Anfragen mehr beantworten kann. Meist werden solche Attacken von nichtstaatlichen Akteuren (gegebenenfalls mit staatlicher Unterstützung) durchgeführt. Auch wenn wirtschaftliche Schäden entstehen, sind diese in der Regel relativ gering und nicht primäres Ziel des Angriffs.

Von Hacktivismus zu unterscheiden ist die *Cyberkriminalität*, worunter Attacken gegen Privatpersonen oder Unternehmen mit dem Ziel der Bereicherung zu verstehen sind. Die Spannbreite reicht von „419 scams" (E-Mails, die auf die Überweisung eines Vorschusses gegen eine vermeintliche höhere spätere Zahlung setzen) über *Ransomware* (Software, die die Festplatte verschlüsselt und nur gegen ein Lösegeld wieder zugänglich macht) bis hin zum *Phishing* von Zugangsdaten, zum Beispiel für ungewünschte Abbuchungen oder Identitätsdiebstahl. Das Bundeskriminalamt (BKA) merkt allerdings an, dass die Trennung zwischen *Hacktivism* und Cyberkriminalität „fließend und nicht trennscharf" sei und beschreibt *Hacktivism* deshalb als eine mögliche Erscheinungsform von Cyberkriminalität (Füllgraf 2015, S. 20). Gleichwohl sollte zwischen politischem Aktivismus, der sich in durchaus illegalen Aktivitäten ausdrücken kann, und anderen Verbrechen, die mit Gewinnerzielungsabsicht vollzogen werden, sprachlich unterschieden werden. So erkennt auch das BKA an, dass *Hacktivism* „nicht profitorientiert" ist, das heißt nicht auf „materielle und finanzielle Gewinne" abzielt. (Füllgraf 2015, S. 20).

---

4 Hacker haben zum Beispiel die Webseiten von Escort-Agenturen gehackt, Koransuren auf die Seite gestellt und schließlich gedroht, Kundendaten zu veröffentlichen (vgl. Reuter 2016).

Ein ähnliches Phänomen, aber mit anderer Zielsetzung, stellt die *Cyberspionage* dar. Hier werden von öffentlichen Stellen Informationen geraubt, ohne damit ein primär ökonomisches Motiv zu verfolgen. Eine Analogie zu klassischer Spionage liegt nahe, die ebenfalls nicht (oder nur in extremsten Ausnahmen) als kriegerischer Akt gewertet werden kann. Hierbei könnte man noch einmal zwischen intrusiver und nicht-intrusiver Spionage unterscheiden. So wäre es im einen Fall denkbar, eine unverschlüsselte Kommunikation schlicht zu belauschen, im anderen Fall aber aktiv Sicherheitsvorkehrungen zu überwinden oder gezielt auszuschalten und so einen *Cybereinbruch* zu begehen (vgl. Eikenberg 2013). Wie bei der klassischen Spionage auch kämen hier primär staatliche Akteure beziehungsweise dem Staat nahestehende Hacker als Täter infrage. An einigen Stellen verschwimmt die Vorstellung von ziviler Industriespionage und staatlicher Cyberspionage, speziell wenn sich staatliche Stellen durch das Ausspähen von Weltmarktkonkurrenten für eigene Unternehmen Wettbewerbsvorteile versprechen. Schließlich ist es aber auch denkbar, dass nichtstaatliche Akteure aus aktivistischen Motiven Datendiebstähle begehen, zum Beispiel um unliebsame politische Akteure bloßzustellen. Der mutmaßliche einzelne Hacker, der Ende 2018 private Informationen über eine Vielzahl deutscher Politikerinnen und Politiker veröffentlichte, ist hier ein beredtes Beispiel.

Eine weitere Kategorie ist der *Cyberterrorismus* mit dem Motiv, gezielt materielle oder gar physische Schäden anzurichten, zum Beispiel durch Angriffe gegen die zivile Infrastruktur eines Landes. Als Akteure kommen auch hier sowohl zivile als auch staatliche Gruppen infrage, wobei erstere durchaus auch mit staatlicher Unterstützung agieren können. Mit dieser Angriffsform kann die Schwelle zu einem Selbstverteidigung erlaubenden Angriff durchaus überschritten werden. Hierunter könnte zum Beispiel der Angriff auf die Verkehrsinfrastruktur einer Großstadt fallen, wenn dieser auf möglichst viele Unfälle und nicht nur auf das Lahmlegen des Verkehrs abzielt.

Von einem *Cyberkrieg* schließlich könnte man – auch vor dem Hintergrund der oben genannten Kriegsdefinitionen – dann sprechen, wenn ein Land einer Vielzahl von Angriffen ausgesetzt wäre, die entweder physische Schäden anrichten, oder darauf zielten, die Verteidigungsfähigkeit des Landes in starkem Maß zu beeinträchtigen, um so einen klassischen Angriff zu erleichtern. Entsprechend sinnvoll wäre es, nur von einem Cyberkrieg im Zusammenspiel mit konventionellen Angriffen zu sprechen. Hierbei würde der Cyberangriff die Erfolgschancen klassischer Angriffe erhöhen, entweder durch Desinformation, durch Zerstörung gegnerischer Kommunikationskanäle oder durch Ausschaltung von Defensiv- und Offensivsystemen. Vor diesem Hintergrund könnte ein Akt des Cyberterrorismus auch den Auftakt zu umfangreicheren Kriegshandlungen bilden, weil das entstandene Chaos Kräfte bindet und ablenkt, was die Erfolgschancen erhöht. Bleibt es hingegen bei einem isolierten Angriff, wäre der Terrorismusbegriff der angemessenere.

Eine solche Definition, die die Begriffe Cyber und Krieg über die physische Gewalt und Zerstörung zusammenbindet, hat den Vorteil, dass sie die Hürde für den Gebrauch des Kriegsbegriffes hoch hängt und eine inflationäre Nutzung, zum Beispiel durch die Medien, verhindert. Dabei muss man aber bedenken, dass selbst diese Definition noch sehr weit von den an obiger Stelle diskutierten politikwissenschaftlichen Ansätzen eines bewaffneten Angriffs oder gar eines Krieges entfernt ist. Es ist schließlich auch schwer vorstellbar, wenn auch nicht undenkbar, dass reine Cyberangriffe zu einer erheblichen Anzahl „im Kampf Gefallener" führen.

Entsprechend kann man mit Blick auf die empirische Realität zwei sich ergänzende Argumentationslinien aufmachen: Eine Cyberunterstützung physischer Gewaltanwendung, also

Cyberkrieg, ist primär im zwischenstaatlichen Krieg und nicht in den (noch) dominierenden asymmetrischen Konflikten relevant, so dass der Cyberkrieg angesichts der (noch) geringen Zahl zwischenstaatlicher Auseinandersetzungen und Kriege (noch) keine große Rolle spielt – zumindest dann, wenn die nichtstaatlichen Gewaltakteure nur über einfache und technisch nicht so hochwertige Waffensysteme verfügen und auch sonst kaum Hochtechnologie einsetzen, die als Angriffsziel dienen könnte. Gleichzeitig finden aber sehr viele Cybervorfälle, Cyberauseinandersetzungen und Cyberoperationen (wie Cybereinbrüche, Cyberspionage, aber auch Desinformationskampagnen) unterhalb oder entlang der Schwelle, die Übergriffe auf die physische Realität und damit ein hohes Eskalationspotenzial beinhalten würde, statt. So verzeichnete allein die Bundeswehr 2017 täglich ca. 4.500 Zugriffsversuche auf ihre Netzwerke,[5] die nach dem oben dargestellten Kategorienschema als versuchte Cybereinbrüche mit dem Ziel des Hacktivismus, der Spionage, aber möglicherweise auch der Sabotage zu bewerten sind. Allerdings bleiben die Akteure meist unerkannt, eine Zuschreibung – Attribution – eines Angriffs zu einem konkreten staatlichen oder nichtstaatlichen Angreifer ist gerade im Cyberbereich sehr schwierig bis unmöglich (vgl. auch den Beitrag von Christian Reuter et al. in diesem Band). Nutzt ein Staat aber seine Cyberfähigkeiten zur Unterstützung in einem offenen militärischen Konflikt, ist die Anonymität nicht mehr gegeben. Dies führt nach Einschätzung des Cyberexperten Thomas Rid (2017) dazu, dass sich alle relevanten Cyberangriffe bislang auf die Ebene von Sabotage und Spionage beschränken, weil bei solchen Operationen die Attribution ausreichend ungenau und eine Gegenwehr entsprechend unwahrscheinlich ist. Solange das

---

5 Vgl. http://www.bundeswehr-journal.de/2017/jeden-tag-rund-4500-cyberangriffe-auf-die-bundeswehr/. Zugegriffen: 6. Juni 2019.

Attributionsproblem in Echtzeit besteht, ist weiter mit umfangreichen Cyberoperationen *unterhalb* der Terror- oder Kriegsschwelle zu rechnen. Allerdings geben die folgenden drei Beispiele, die der Kriegsschwelle zumindest nahekommen, einen Einblick in zukünftig mögliche Szenarien.

4 Bekannt gewordene Cyberoperationen – an der Grenze zum Cyberkrieg?

4.1 Die Bombardierung der syrischen Nuklearanlage 2007: Operation „Orchard"

Am 6. September 2007, kurz nach Mitternacht, griffen, wie heute bekannt, unbekannte Kampfjets die Baustelle einer syrischen Nuklearanlage an und zerstörten diese vollständig. Medienberichten zufolge hatte der israelische Geheimdienst von der Anlage entweder durch eine Spionagesoftware erfahren, die Agenten auf dem Computer eines ranghohen syrischen Offiziellen installieren konnten, von einem iranischen General (vgl. Leone 2014) oder aber im Rahmen eines Einbruchs, der gezielt dem Computer des Leiters der syrischen Atomenergiekommission, Ibrahim Othman, galt (vgl. Makovsky 2012). Auf jeden Fall fielen dem israelischen Geheimdienst Mossad Informationen über einen streng geheimen syrischen Plutoniumreaktor in die Hände. Vor dem Hintergrund der Begin-Doktrin, nach der kein Widersacher Israels im Mittleren Osten in den Besitz von Nuklearwaffen gelangen sollte, wurde, nach Konsultation mit den USA, ein Luftangriff beschlossen (vgl. Makovsky 2012). Da der Angriff nicht nur erfolgreich war, sondern praktisch auch ohne syrische Gegenwehr ablief, wird gemutmaßt, dass die israelische Armee die syrische Luftabwehr mit Hilfe einer amerikanischen Software namens „Suter" (oder einer analogen Eigenentwicklung) täuschen konnte, so dass die Radaranlagen während des Anflugs der Kampfflugzeuge keinen Alarm schlugen. Dieses System war wohl in ein „electronic warfare aircraft" integriert, das die israelischen Jets begleitete (vgl. Gross 2018). Suter stört, soweit bekannt, Radare nicht nur klassisch, sondern „hackt" diese im Überflug und gaukelt ihnen einen freien Himmel vor, während gleichzeitig der Angriff läuft. Nachdem über den israelischen Ursprung des Angriffs mehr als ein Jahrzehnt spekuliert worden war, bestätigte die israelische Regierung im Frühjahr 2018 dann tatsächlich das offene Geheimnis. Allerdings beschränkte sich das Eingeständnis auf den eigentlichen Luftangriff. Die verwendeten elektronischen Maßnahmen wurden nicht kommentiert (vgl. Gross 2018).

4.2 Der Angriff auf Estland 2007

Im April und Mai 2007 wurden die Webseiten vieler estländischer Banken und Behörden, aber auch der Polizei und Regierung immer wieder Opfer von *Denial of Service*-Attacken. Man vermutet, dass mehrere Millionen Rechner aus 75 Ländern in das Bot-Netz, von dem die Angriffe ausgingen, integriert waren. In Estland wurde spekuliert, dass die Angriffe möglicherweise durch Russland initiiert sein könnten, da sie mit einem Streit über die Verlegung eines Mahnmals aus russischer Zeit einhergingen. Diese Vorwürfe ließen sich aber nicht erhärten. Als Reaktion sperrte Estland den eingehenden Internetverkehr, so dass im Land wieder auf die Websites zugegriffen werden konnte. Der internationale Austausch, zum Beispiel im Handel oder Bankverkehr, war aber blockiert. Allerdings, so gab der damalige estnische Präsident Toomas Hendrik Ilves zu bedenken, wurden durch die Angriffe zunächst auch Notrufnummern blockiert, weshalb er in einem

FAZ-Interview[6] feststellte: „Es war jedenfalls ein Angriff, bei dem es auch um Leben und Tod ging".

Estland, das 2004 der NATO beigetreten war, wandte sich mit Verweis auf Artikel 5 des NATO-Vertrags (Bündnisfall) an seine neuen Partner. Allerdings kam man in der NATO nach interner Diskussion zu dem Schluss, dass ein Angriff, der einen Bündnisfall rechtfertigen würde, nicht vorläge – analog zu der Argumentation, die sich später im Tallinn Manual finden sollte.

4.3 Der Stuxnet-Angriff: Operation „Olympic Games"

2010 entdeckten Computersicherheitsexperten eine Schadsoftware, die sich auf privaten Rechnern rasend verbreitete. Es handelte sich um eine ausgesprochen komplexe Software, die mehrere bislang unbekannte Sicherheitslücken und Zertifizierungen für ihre Verbreitung nutze. Allerdings war das Ziel der Software ausgesprochen speziell: Auf den allermeisten Rechnern richtete die Software keinen Schaden an. Ihr Ziel waren spezielle Rechner, auf denen eine Software zur Steuerung von Siemens-Industrieanlagen liefen. Denn just genau jene Software wurde in der iranischen Nuklearanlage Natanz zur Steuerung der Anreicherungszentrifugen genutzt, um niedrig angereichertes in hochangereichertes, und damit prinzipiell auch waffenfähiges Uran anzureichern. Anstatt die entsprechenden Rechner zum Absturz zu bringen oder direkt zu beschädigen, wählte der später Stuxnet getaufte Wurm ein filigraneres Vorgehen und manipulierte längerfristig die Zentrifugen.

---

6 https://www.faz.net/aktuell/politik/ausland/estland-im-visier-ist-ein-internetangriff-der-ernstfall-1436040.html. Zugegriffen: 24. Mai 2019.

Man schätzt, dass mehr als 1.000 der 5.000 Zentrifugen durch den Stuxnet-Eingriff unbrauchbar gemacht wurden (vgl. Sanger 2012). Wie die Schadsoftware auf die entsprechenden Rechner gelangte, ist unklar, vermutlich aber über USB. Die *New York Times* enthüllte 2012 auf Basis einer Reihe anonym gehaltener Interviews, dass es sich um ein gemeinsames, israelisch-amerikanisches Projekt handelte, um das vermutete iranische Atomwaffenprogramm zu sabotieren und zu verlangsamen. Stuxnet war dabei nur ein Teil des größer angelegten Programms namens „Olympic Games" (Sanger 2012). Angeblich hatte Präsident Barack Obama den Cyberangriff persönlich angeordnet. Eine offizielle Bestätigung erfolgte zwar nicht, der Artikel wurde aber insgesamt als glaubwürdig eingestuft.

5 Cyberkrieg: ja oder nein?

Die drei oben genannten Beispiele haben mehrere Aspekte gemeinsam: Im Gegensatz zu klassischen Militäroperationen gibt es relativ wenig belastbare Informationen. Selbst klandestine Drohnenangriffe sind durch die Arbeit von NGOs deutlich besser dokumentiert als Cyberangriffe. Attribution fällt selbst größeren Staaten bei einem technisch versierten Gegenüber extrem schwer und gelingt, wenn überhaupt, nur unter dem Einsatz verschiedener nachrichtendienstlicher Mittel. Die obigen Beispiele zeigen aber auch, dass selbst diese prominenten und im Vergleich gut dokumentierten Beispiele noch relativ weit von dem entfernt sind, was man nach dem oben entwickelten Verständnis als einen Cyberkrieg beschreiben kann. Allerdings könnten die obigen Beispiele eine Konfliktspirale auslösen, die in einen „klassischen" Krieg münden kann.

6 Die abwegige Vorstellung von einem „sauberen" Krieg

Dass zwei der oben beschriebenen und bekanntgewordenen Beispiele mutmaßlich von westlichen Demokratien verübt wurden, verweist auf die eingangs erwähnte Gefahr, dass offensive Cyberoperationen, die klassische Militärschläge unterstützen oder zumindest in Teilen klandestin ersetzen können, in der Zukunft bei neuen zwischenstaatlichen Auseinandersetzungen gerade für Opfer-averse westliche Demokratien von besonderem Interesse sein können. Die Fähigkeit, klassische Militärschläge durch Cyberoperationen leichter und mit geringerer Eigengefährdung durchzuführen, birgt nicht nur die Gefahr, dass die Hemmschwelle zum Einsatz offensiver Cyberkapazitäten sinkt, sondern setzt gleichzeitig Präzedenzen, die wiederum offensive Cyberoperationen anderer Staaten legitimieren. Wie auch schon in der Drohnenkriegsführung sollten gerade westliche Demokratien dieser Gefahr einer Enthemmung durch die technischen Mittel einer vermeintlich „sauberen" Kriegsführung widerstehen und durch eine kritische Eigenschau davon Abstand nehmen (vgl. Sauer und Schörnig 2012). Eingangs wurde argumentiert, dass gerade Demokratien in besonderer Weise geneigt sein könnten, auf andere Staaten, aber auch auf nichtstaatliche Akteure, über die Androhung von Cyberoperationen Druck auszuüben. Denn es handelt sich scheinbar um eine sehr niederschwellige Form der Gewalt, die *prima facie* keine großen (physischen) Schäden verursacht und keine Menschen tötet. Es wurde aber gezeigt, dass bestimmte Cyberoperationen durchaus die Schwelle hin zu physischen Schäden überschreiten können und aus militärischer Sicht physische Gewalt in besonderer Weise erleichtert. Gerade wenn das Wort Cyberkrieg fällt, ist die physische Dimension nicht zu unterschlagen und die Vorstellung eines „sterilen" Krieges irreführend. Auch wenn sich aktuell die Szenarien meist unterhalb der Kriegsschwelle abspielen, ist die Attraktivität von offensiven Cyberangriffen durch westliche Staaten in der Zukunft eben nicht ausgeschlossen.

Auch besteht, wie der Fall „Olympic Games" zeigt, immer die Gefahr, dass Cyberbomben oder andere von staatlicher Seite eingesetzte Schadprogramme nicht nur die zugedachten Rechner infiltrieren, sondern sich deutlich stärker verbreiten als vorgesehen. Dann kommt der Einwand Peter Rudolfs (2019, S. 156) wieder zum Tragen, der darauf verweist, dass „[a]ller Erfahrung nach […] die Kosten vor Beginn eines Gewalteinsatzes eher unterschätzt als überschätzt, die Erfolgsaussichten dagegen eher überschätzt als unterschätzt" werden.

7 Offensive androhen oder Defensive stärken? Schlussüberlegungen

Statt also den Blick auf offensive Cyberoperationen und Cyberkrieg zu richten und sich so an einem Cyberrüstungswettlauf zu beteiligen, sollten westliche Staaten der Versuchung scheinbar opferloser Konflikte widerstehen und sich besser darauf konzentrieren, die Sicherheit und Verteidigung zu verstärken und mögliche Verwundbarkeiten zu reduzieren.

Wie im klassischen Militärbereich ist auch im Cyberbereich zwischen Sicherung, Verteidigung und Angriff zu unterscheiden. *Absichernde Maßnahmen* verhindern das Eindringen von Gegnern in die eigenen Anlagen, unabhängig davon, ob es sich um physische oder virtuelle Bereiche handelt. Neben klassischen Sicherheitsmaßnahmen wie Firewalls kann man hier an Resilienz, also die Widerstandsfähigkeit einer IT-Infrastruktur gegen Angriffe oder andere Probleme, und an Möglichkeiten zur *Desaster Recovery*, also der Wiederherstellung zerstörter oder kompromittierter Daten und Infrastrukturen, denken. Absicherung, Resilienz und eine schnelle Widerherstellung des Status quo ante senken den Anreiz für ernsthafte Angriffe deutlich, da diese Maßnahmen die Kosten eines Erfolges in die Höhe treiben.

Eine aktive *Verteidigung* würde erst zum Tragen kommen, wenn tatsächlich ein Angriff auf das eigene System erfolgt. Dabei ist neben aktiven Abwehrmaßnahmen auch an den Einsatz sogenannter *Honeypots* zu denken. Dabei handelt es sich um Systeme, die gezielt darauf ausgelegt sind, potenzielle Angreifer anzulocken und Schwachstellen vorzugaukeln, um so erstens von den wichtigen Systemen ablenken, zweitens zu helfen, die Vorgehensweisen von Angreifern zu verstehen, und drittens Angreifern unter Umständen noch falsche Informationen zukommen zu lassen.

Die Europäische Union hat sich in den letzten Jahren intensiv mit dem Thema Cybersicherheit auseinandergesetzt. 2013 wurde eine Cybersicherheitsstrategie veröffentlicht, die primär auf Abwehrmaßnahmen sowie die Sicherheit, Zuverlässigkeit und Offenheit des Cyberumfelds setzt.[7] Diese Strategie wurde 2017 überprüft und erweitert. In der „Gemeinsame[n] Mitteilung an das Europäische Parlament und den Rat" von 2017 wird die Bedeutung einer europaweiten Zusammenarbeit in der Cyberabwehr hervorgehoben (vgl. EU 2017, S. 3), ein intensiverer Informationsaustausch über Bedrohungen gefordert und eine Zertifizierung der Sicherheit von Informationstechnologie angeregt (vgl. EU 2017, S. 5). Auch spricht sich die Kommission dafür aus, die Verkäuferinnen und Verkäufer von IT-Systemen zu verpflichten, „im Falle neu entdeckter Sicherheitslücken oder Bedrohungen die Produktsoftware zu aktualisieren" (EU 2017, S. 6). Schließlich wird auch der Aspekt der Aufklärung und Bildung hervorgehoben. So gäbe es in der Privatwirtschaft bis 2022 voraussichtlich eine Lücke von 350.000

---

7 Vgl. https://eeas.europa.eu/archives/docs/policies/eu-cyber-security/cybsec_comm_en.pdf. Zugegriffen: 5. Juni 2019.

Fachkräften, die über verstärkte Ausbildungsmaßnahmen vermindert werden sollte. Gleichzeitig müsste in Schulen Lehrerinnen und Lehrer sowie Schülerinnen und Schüler für die Gefahren der Cyberkriminalität und der Cybersicherheit sensibilisiert werden (vgl. EU 2017, S. 13).

Dieser Ansatz der EU zeigt beispielhaft, dass das Thema Cybersicherheit grundsätzlich defensiv verstanden werden kann und ein Diskurs, der sich primär auf offensive Kapazitäten kapriziert, das Pferd von der falschen Seite aufzäumt. Wenn primär in Sicherheit, aber auch in Identifikation und Attribution investiert wird, steigen die Kosten erfolgreicher klandestiner Cyberoperationen für Angreifer deutlich und werden für viele weniger gut ausgestattete Akteure vermutlich prohibitiv hoch. Aktive Abwehrmaßnahmen gegen gut ausgestattete Herausforderer sind denkbar. Allerdings sollten sich gerade westliche Demokratien immer bewusst machen, dass die Grenze zwischen aktiv abwehrenden und offensiv einsetzbaren Cyberwaffen immer fließend sein werden. Ein offener Diskurs muss dafür sorgen, dass gerade die westlichen Demokratien der Versuchung vermeintlich einfacher, ungefährlicher und unblutiger Militäroptionen widerstehen. Das Beispiel der inzwischen fast weltweit proliferierten militärischen Drohne zeigt, dass der Westen kein Monopol auf neue Technologien auf Dauer halten kann (vgl. Schörnig 2017). Deshalb ist es umso wichtiger, Handlungen zu unterlassen, die Präzedenzen hin zu einem Cyberkrieg schaffen können. Denn obwohl ein reiner Cyberkrieg vermutlich nicht an die Dimensionen eines politikwissenschaftlich verstandenen Krieges heranreichen wird, ist ihm ein Eskalationspotenzial inhärent, das den Cyberkrieg als Nukleus eines „echten" Krieges denkbar macht. Statt das technologisch machbare, offensive Potenzial von Cybertechnologien umzusetzen, wäre also gerade für westliche Staaten eine offene Selbstbeschränkung bei gleichzeitiger umfangreicher Investition in die eigenen Sicherheitssysteme das Gebot der Stunde.

Literatur

Arquilla, John und David Ronfeldt. 1993. Cyberwar is Coming!. *Comparative Strategy* 12 (2): 141–165.
Daase, Christopher. 2019. Vom gerechten Krieg zum legitimen Zwang. Rechtsethische Überlegungen zu den Bedingungen politischer Ordnung im 21. Jahrhundert. In *Rechtserhaltende Gewalt - zur Kriteriologie*, hrsg. von Ines-Jacqueline Werkner und Peter Rudolf, 13–31. Wiesbaden: Springer VS.
Eikenberg, Ronald. 2013. Cyber-Einbruch bei der Stanford University. https://www.heise.de/security/meldung/Cyber-Einbruch-bei-der-Stanford-University-1923481.html. Zugegriffen: 30. Mai 2019.
Enzmann, Birgit. 2013. Politische Gewalt. Formen, Hintergründe, Überwindbarkeit. In *Handbuch Politische Gewalt. Formen, Ursachen, Legitimation, Begrenzung*, hrsg. von Birgit Enzmann, 43–66. Wiesbaden: Springer VS.
Europäische Union (EU), Europäische Kommission, Hohe Vertreterin der Union für Außen- und Sicherheitspolitik. 2017. Gemeinsame Mitteilung an das Europäische Parlament und den Rat - Abwehrfähigkeit, Abschreckung und Abwehr: die Cybersicherheit in der EU wirksam erhöhen (JOIN/2017/450 final). https://eur-lex.europa.eu/legal-content/DE/ALL/?uri=JOIN%3A2017%3A450%3AFIN. Zugegriffen: 4. Juni 2019.
Freedman, Lawrence. 2012. Defining War. In *The Oxford Handbook of War*, hrsg. von Julian Lindley-French und Yves Boyer, 17–29. Oxford: Oxford University Press.
Füllgraf, Wendy. 2015. *Hacktivisten. Abschlussbericht zum Projektteil der Hellfeldbeforschung*. Wiesbaden: Bundeskriminalamt.
Gross, Judah Ari. 2018. Ending a Decade of Silence, Israel confirms it blew up Assad's Nuclear Reactor. https://www.timesofisrael.com/ending-a-decade-of-silence-israel-reveals-it-blew-up-assads-nuclear-reactor/. Zugegriffen: 5. Juni 2019.
Jakobsen, Peter Vigo. 2019. Coercive Diplomacy: Countering War-Threatening Crises and Armed Conflict. In *Contemporary Security Studies*, hrsg. von Alan Collins, 279–293. Oxford: Oxford University Press.
Kreye, Andrian. 2010. Als Rechtsbegriff hat der „Krieg" ausgedient. https://www.sueddeutsche.de/kultur/im-interview-rechtswissenschaftler-

michael-bothe-als-rechtsbegriff-hat-der-krieg-ausgedient-1.423225-2. Zugegriffen: 5. Juni 2019.

Leone, Dario. 2014. How a Syrian Nuclear Facility was Destroyed by the Israeli Air Force 7 Years ago Today. https://theaviationist.com/2014/09/06/operation-orchard-anniversary/. Zugegriffen: 4. Mai 2019.

Makovsky, David. 2012. The Silent Strike. How Israel bombed a Syrian Nuclear Installation and Kept it Secret. https://www.newyorker.com/magazine/2012/09/17/the-silent-strike. Zugegriffen: 5. Juni 2019.

Pfetsch, Frank R. 2017. Frieden, Krieg und internationale Politik. In *Handbuch der Internationalen Beziehungen*, hrsg. von Frank Sauer und Carlo Masala, 861–879. Wiesbaden: Springer VS.

Reuter, Markus. 2016. Religiöser Hacker greift Escort-Seiten an. https://netzpolitik.org/2016/religioeser-hacker-greift-escort-seiten-an/. Zugegriffen: 5. Mai 2019.

Rid, Thomas. 2017. *Cyber War Will Not Take Place*. Oxford: Oxford University Press.

Rudolf, Peter. 2019. Kriterien legitimen rechtserhaltenden Zwangs – eine Synthese. In *Rechtserhaltende Gewalt – zur Kriteriologie*, hrsg. von Ines-Jacqueline Werkner und Peter Rudolf, 151–163. Wiesbaden: Springer VS.

Sanger, David E. 2012. Obama Order Sped Up Wave of Cyberattacks Against Iran. https://www.nytimes.com/2012/06/01/world/middleeast/obama-ordered-wave-of-cyberattacks-against-iran.html?pagewanted=1&_r=1&hp. Zugegriffen: 5. Juni 2019.

Sauer, Frank und Niklas Schörnig. 2012. Killer Drones – The Silver Bullet of Democratic Warfare? *Security Dialogue* 43 (4): 363–380.

Schmitt, Michael N. (Hrsg). 2013. *Tallinn Manual on the International Law Applicable to Cyber Warfare*. Cambridge: Cambridge University Press.

Schörnig, Niklas. 2017. Preserve Past Achievements! Why Drones Should Stay within the Missile Technology Control Regime (for the Time Being). PRIF Report No. 149. Frankfurt: PRIF.

Schörnig, Niklas und Alexander C. Lembcke. 2006. The Vision of a War without Casualties. On the Use of Casualty Aversion in Armament Advertisements. *Journal of Conflict Resolution* 50 (2): 1–23.

Singer, J. David und Melvin Small. 1972. *The Wages of War 1816–1965. A Statistical Handbook*. New York: John Wiley & Sons.

Singer, Peter W. und Allan Friedman. 2014. *Cybersecurity and Cyberwar: What Everyone Needs to Know*. Oxford: Oxford University Press.

Springer, Paul J. 2018. *Outsourcing War to Machines. The Military Robotic Revolution*. Santa Barbara: Praeger.

Williams, Paul D. 2008. War. In *Security Studies. An Introduction*, hrsg. von Paul D. Williams, 151–169. London: Routledge.

Hobbesscher Naturzustand im Cyberspace?
Enge Grenzen der Völkerrechtsdurchsetzung bei Cyberangriffen

Leonhard Kreuzer

1 Schreckensszenario Cyberwar

Bei der Vorstellung der neuen französischen Cyberdoktrin im Januar 2019 stellte die französische Verteidigungsministerin Florence Parly fest:

> „Der Cyberkrieg hat begonnen und Frankreich muss bereit sein, ihn zu kämpfen […] Frankreich wird seine Cyberwaffen wie auch alle anderen konventionellen Waffen benutzen, […] um auf Cyberangriffe zu antworten und zu attackieren […] der Gebrauch offensiver Cybermittel durch unser Militär geschieht unter strikter Beachtung der geltenden Völkerrechtsregeln"[1] (*Übersetzung des Verf.*).

Es ist nicht neu, dass Staaten vermehrt offensive[2] Cybereinheiten aufbauen. Jedoch hat sich bisher kein Staat so offen zu seinen of-

---

1 Déclaration de Mme Florence Parly, ministre des armées, sur la stratégie cyber des armées, Paris, 18. Januar 2019.
2 Cyberoperationen sind offensiv, wenn sie nicht nur defensiv das von einem Cyberangriff betroffene IT-System schützen (zum Beispiel

fensiven Cyberkapazitäten und seinem Willen bekannt, diese auch disruptiv im Cyberwar nutzen zu wollen. Aus völkerrechtlicher Perspektive wirft dies verschiedene Fragen auf: Ist es tatsächlich sachgerecht, die vielfältigen Sicherheitsrisiken im Cyberspace unter den Begriff eines Kriegs zu fassen? Ab wann kann tatsächlich von einer kriegerischen Auseinandersetzung im Cyberspace im völkerrechtlichen Sinne gesprochen werden? Wie können Staaten auf Cyberangriffe reagieren und welche völkerrechtlichen Grundlagen bestehen für Cyberoperationen, mit denen sich Staaten nicht nur defensiv, sondern auch offensiv verteidigen?

Zur Beantwortung dieser Fragen zeigt der vorliegende Beitrag zunächst auf, dass Völkerrecht im Cyberspace anwendbar ist (Abschnitt 2). Anschließend legt er dar, welchen Spielraum das Völkerrecht Staaten für offensive Cyberoperationen gewährt. Das umfasst das Selbstverteidigungsrecht (Abschnitt 3), das Recht auf Gegenmaßnahmen gegen Cyberangriffe sowie eine mögliche Berufung auf Notstand (Abschnitt 4). Als Alternative zu offensiven Cyberoperationen argumentiert der Beitrag in Abschnitt 5 für einen stärker präventiven Ansatz, um Sicherheitsgefahren im Cyberspace zu begegnen. Abschließend erfolgt eine Bewertung von Potenzial und Grenzen des Völkerrechts und seiner Durchsetzung im Cyberspace (Abschnitt 6).

Auf den Begriff Cyberwar wird hierbei so weit wie möglich verzichtet. Der Begriff ist in Politik und Medien überaus prominent. Im Rahmen einer völkerrechtlichen Betrachtung vermischt er jedoch friedens- mit kriegsvölkerrechtlichen Fragen und suggeriert, dass regelmäßig humanitäres Völkerrecht bezüglich Cy-

---

durch eine Anti-Virus-Software oder eine Firewall), sondern direkt gegen das IT-System vorgehen, von dem der Cyberangriff ausgeht, um diesen zu beenden oder abzumildern. Offensive Cyberoperationen werden daher häufig auch als „hack-back" beschrieben. Auch die Bezeichnung „aktive" Cyberverteidigung ist geläufig.

berzwischenfällen anwendbar ist. Wie im Folgenden gezeigt wird, betrifft die überwältigende Mehrzahl der Cybersicherheitsrisiken jedoch *friedens*völkerrechtliche Rechtsfragen[3], auch wenn sie in der Öffentlichkeit mitunter als Cyberwar diskutiert werden. Daher verwendet dieser Beitrag bevorzugt die für eine völkerrechtliche Betrachtung neutraleren Begriffe Cyberangriff beziehungsweise Cyberzwischenfall.

2 Wider dem Hobbesschen Naturzustand: Die Geltung des Völkerrechts im Cyberspace

Da dem Völkerrecht als normativem Ordnungsrahmen der internationalen Beziehungen der Anspruch immanent ist, auch prospektiv technologisch neue Entwicklungen zu erfassen, scheint die grundsätzliche Geltung des Völkerrechts im Cyberspace zunächst trivial. Indes haben sich zahlreiche Staaten, insbesondere China und Russland, über Jahre gegen die vollumfängliche Anerkennung der UN-Charta im Cyberspace gewehrt und sich unter Verweis auf die besonderen Eigenheiten dieses Cyberspace für die Entwicklung spezieller neuer Völkerrechtsregeln eingesetzt. Inzwischen hat jedoch eine von den Vereinten Nationen eingesetzte Expertengruppe ausdrücklich in zwei Berichten von 2013 und 2015 bestätigt, dass das bestehende Völkerrecht und die gesamte UN-Charta im Cyberspace gilt (vgl. UN-Dok. A/68/98 vom 24. Juni 2013, para. 20 und A/70/174 vom 22. Juli 2015, hier insb. para 28c). Hierdurch bestätigt ist auch die Geltung des Gewaltverbots (Art. 2 Abs. 4

---

3 Aus diesem Grund wird auch auf eine vertiefte Auseinandersetzung mit dem *ius in bello* verzichtet; zu humanitärvölkerrechtlichen Aspekten wie dem Unterscheidungsgebot ausführlich Schmitt (2017), sowie Woltag (2014), Roscini (2014), Geiß und Lahmann (2012).

UN-Charta), des Interventionsverbots, des Souveränitätsprinzips sowie des Rechts auf Selbstverteidigung (Art. 51 UN-Charta) im Cyberspace. Die Berichte der UN-Expertengruppe sind zwar nicht rechtsverbindlich, haben aber aufgrund ihrer Anerkennung durch die Generalversammlung der Vereinten Nationen erhebliches Gewicht für den völkerrechtlichen Diskurs zum Cyberspace. Die ursprüngliche Frage, ob Völkerrechtsnormen im Cyberspace Anwendung finden, hat sich daher zur Frage gewandelt, wie diese Normen konkret auszulegen sind. Die UN-Expertengruppe scheiterte 2017 daran, sich auf einen neuen Bericht, der die Anwendung bestehender Völkerrechtsnormen im Cyberspace hätte konkretisieren können, zu einigen. Insbesondere fürchteten einige Staatenvertreterinnen und -vertreter mit Blick auf die Diskussion um das Recht auf Selbstverteidigung eine Militarisierung des Cyberspace.[4] Entsprechend bleibt die konkrete Anwendung von Völkerrechtsnormen auf einzelne Cyberoperationen weitgehend auslegungsoffen.

3 Selbstverteidigung gegen Cyberangriffe

Durch den Generalverweis auf die UN-Charta in den Berichten der UN-Expertengruppe wird auch die Geltung des Rechts auf Selbstverteidigung aus Art. 51 UN-Charta bestätigt. Zahlreiche Staaten behalten sich dieses Recht auch in ihren nationalen Cyber-

---

4 Declaration by Miguel Rodriguez, Representative of Cuba at the Final Session of the Group of Governmental Experts on Developments in the Field of Information and Telecommunications in the Context of International Security vom 23. Juni 2017. https://www.justsecurity.org/wp-content/uploads/2017/06/Cuban-Expert-Declaration.pdf.

sicherheitsstrategien ausdrücklich vor wie zum Beispiel die USA[5] oder Frankreich[6], wobei es bisher in der Staatenpraxis noch nicht zu einer Berufung auf Art. 51 UN-Charta in Reaktion auf einen Cyberangriff gekommen ist. Auch die eingangs zitierte Äußerung der französischen Verteidigungsministerin betont die Geltung des Rechts auf Selbstverteidigung im Cyberspace, ohne jedoch konkrete Cyberoperationen auf dieses Recht zu stützen.

Das Selbstverteidigungsrecht erlaubt Staaten bei einem bewaffneten Angriff die Ausübung von Waffengewalt auf dem Territorium eines Drittstaates und stellt daher eine Ausnahme vom Gewaltverbot aus Art. 2 Abs. 4 UN-Charta dar. Es ist *ultima ratio* der staatlichen Selbsthilfe in der internationalen Ordnung und daher nur in eng umgrenztem Umfang zulässig. Entsprechend sind die Voraussetzungen für das Selbstverteidigungsrecht restriktiv auszulegen.

3.1 Cyberangriffe als bewaffnete Angriffe

Staaten haben sich bisher nur zurückhaltend geäußert, wann sie bei einem Cyberangriff von einem bewaffneten Angriff ausgehen. Grundsätzlich gilt im Völkerrecht, dass ein Angriff mit nicht-konventionellen militärischen Mitteln die Schwelle zum bewaffneten Angriff erreicht, wenn der Angriff nach *Umfang* und *Ausmaß* mit einem Angriff mit konventionellen militärischen Mitteln – wie

---

5   US International Strategy for Cyberspace (2011). https://obamawhitehouse.archives.gov/sites/default/files/rss_viewer/international_strategy_for_cyberspace.pdf.

6   Revue stratégique de cyberdéfense (2018, S. 32). http://www.sgdsn.gouv.fr/uploads/2018/02/20180206-np-revue-cyber-public-v3.3-publication.pdf.

zum Beispiel einem Luftangriff – vergleichbar ist.[7] Eine solche Vergleichbarkeit ist anzunehmen, wenn es zum Tod oder zur Verletzung von Menschen oder zu erheblicher physischer Zerstörung kommt. Cyberangriffe, die diese Schwelle wahrscheinlich erreicht haben, wären zum Beispiel der NotPetya-Angriff, der 2017 Teile des ukrainischen Stromnetzes über Stunden lahmlegte, oder die global wirkende WannaCry-Attacke 2017, die unter anderem zur Beeinträchtigung der Gesundheitsversorgung in britischen Krankenhäusern führte. Zwar ist nicht bekannt, dass in den jeweiligen Fällen Menschen verletzt wurden, jedoch liegt nahe, dass der Strom- und Versorgungsausfall jederzeit in konkrete Verletzungen hätte umschlagen können.

Die überwältigende Mehrzahl von Cyberangriffen erreicht diese Schwelle indes nicht: Die *Distributed Denial of Service*-Attacke auf Estland 2007 – bei denen der Abruf staatlicher Websites über Tage sabotiert wurde – oder die Infiltrierung des Bundestages 2015 zur Spionage haben zwar nationale Sicherheitsinteressen sensibel berührt, jedoch keine Verletzung von Menschen oder erhebliche Zerstörung zur Folge gehabt. Auslegungsversuche, die trotz fehlender letaler oder destruktiver Effekte unter bestimmten Umständen zur Annahme eines bewaffneten Angriffs kommen – zum Beispiel bei bloßer Cyberspionage (vgl. Melnitzky 2012, S. 557) – gehen erheblich zu weit (vgl. Geiß und Lahmann 2013, S. 623), da sie aufgrund der weit verbreiteten Spionagepraxis zum permanenten Bestehen einer Selbstverteidigungslage und damit zu einer Aufhebung des Gewaltverbots führen würden

Im Zuge von Einmischungen in den US-Präsidentschaftswahlkampf 2016 wurde diskutiert, ob auch Meinungsmanipulation

---

7   Internationaler Gerichtshof, Case Concerning Military and Paramilitary Activities in and against Nicaragua (Nicaragua v USA) (Merits) [1986] ICJ Rep 65, para. 195. https://www.icj-cij.org/files/case-related/70/070-19860627-JUD-01-00-EN.pdf.

als bewaffneter Angriff gewertet werden kann. So plädierte der NATO-General Adrian Bradshaw dafür, auch Meinungsmanipulation im Kontext von demokratischen Wahlen potenziell unter den Begriff des bewaffneten Angriffs zu fassen (vgl. Dearden 2017). Eine solche Auslegung würde jedoch zum einen komplexe rechtliche Folgefragen aufwerfen – zum Beispiel ab welchem Maß an politischer Beeinflussung die Schwelle erreicht ist – und zum anderen letztlich das insbesondere von autoritären Staaten vertretene Konzept eines „Informationskrieges" perpetuieren, mit dem Restriktionen von politisch missliebigen Informationen als vermeintlichem Sicherheitsrisiko legitimiert werden.

Insgesamt droht eine weite Auslegung eines bewaffneten Angriffs im Cyberspace die bewusst eng zu ziehenden Grenzen des Selbstverteidigungsrechts in anderen Gebieten des Völkerrechts aufzuweichen. Entsprechend sollte auch im Cyberspace an der hohen Schwelle für einen bewaffneten Angriff festgehalten werden (vgl. Krieger 2012, S. 10). Die Situationen, in denen ein Cyberangriff zum Aufleben des Rechts auf Selbstverteidigung führt, sind daher von vornherein eng auf vereinzelte Ausnahmefälle beschränkt. Dieser Befund hat erhebliche Konsequenzen für die interdisziplinär geführte Diskussion zu Sicherheitsgefahren im Cyberspace: Sie zeigt, dass die Diskussion um diese Gefahren in Kriegskategorien aus völkerrechtlicher Perspektive regelmäßig unhaltbar ist.

3.2 Zurechnung eines Cyberangriffs

Überschreitet ein Cyberangriff die Schwelle zum bewaffneten Angriff, stellt sich vor Ausübung des Selbstverteidigungsrechts noch die Zurechnungsfrage. Selbstverteidigung gegen einen Staat ist nur zulässig, wenn diesem der Cyberangriff zugerechnet werden kann. Dies ist unproblematisch, wenn staatliche Organe ihn ausführen. Häufig üben jedoch nicht-staatliche Akteure, zum Beispiel institutionell ungebundene Hackergruppen, Cyberangriffe aus. Wie der Internationale Gerichtshof (IGH) in seinem Nicaragua-Urteil feststellte, sind deren Handlungen einem Staat nur dann zurechenbar, wenn sie auf staatlichem Befehl erfolgen oder die Gruppe unter dessen effektiver Kontrolle stehen.[8] Dies wird in der Mehrzahl von Cyberangriffen aber nicht gegeben sein.

Darüber hinaus reicht das Bestehen einer Befehlskette oder effektiven Kontrolle als solches nicht aus; der sich selbstverteidigende Staat muss diese auch beweisen können. Im Völkerrecht müssen hierfür klare und überzeugende Beweise vorliegen.[9] Im Cyberspace können jedoch relativ unproblematisch bewusst falsche Fährten (*false flags*) gelegt werden, die Restzweifel auch bei starken Indizien nur selten werden ausräumen können. So wiesen Cybersecurity-Experten im Rahmen der WannaCry-Attribution im Dezember 2017 darauf hin, dass die Indizien zwar in Richtung einer nordkoreanischen Verantwortlichkeit weisen, die vorgelegte forensische Analyse jedoch nicht zweifelsfrei diesen Schluss erlaube (vgl. Eichensehr 2017). Dass selbst starke Indizien bei Cyberangriffen nur begrenzt Aufschluss über Zurechnungsfragen geben, kommt auch in einer Resolution der UN-Generalversammlung von 2018 zum Ausdruck. Hiernach kann aus dem Umstand, dass ein Cyberangriff von der auf dem Territorium eines Staates gelegenen

---

8   Internationaler Gerichtshof, Case Concerning Military and Paramilitary Activities in and against Nicaragua (Nicaragua v USA) (Merits) Urteil [1986] ICJ Rep 65, para. 187ff. https://www.icj-cij.org/files/case-related/70/070-19860627-JUD-01-00-EN.pdf.

9   Beispielhaft für diesen Beweisstandard: Trail Smelter Case (United States v Canada) (1938) RIAA iii. 1905, 1963–65. http://legal.un.org/riaa/cases/vol_III/1905–1982.pdf sowie Inter-American Court of Human Rights, Velasquez Case, Urteil, 29. Juli 1988, para. 129. http://www.corteidh.or.cr/docs/casos/articulos/seriec_04_ing.pdf.

IT-Infrastruktur ausgeht, nicht auf dessen Verantwortlichkeit geschlossen werden (vgl. UN-Dok. Res. A/73/27 vom 11. Dezember 2018, para. 1.1).

Aufgrund der Beweisschwierigkeiten im Cyberspace schlägt das Tallinn Manual vor, den Beweisstandard abzusenken und statt eines objektiven *ex post*-Standards.[10] eine subjektive *ex ante*-Perspektive ausreichen zu lassen (vgl. Schmitt 2017, Rule 71, para. 23.). Hiernach wäre der Beweisstandard für eine Zurechnung dann erfüllt, wenn ein Staat *ex ante* vernünftigerweise von klaren und überzeugenden Beweisen ausgehen konnte. Ein solches Absenken wäre jedoch mit erheblicher Missbrauchs- und Eskalationsgefahr verbunden. Ein zu Unrecht von Selbstverteidigungshandlungen betroffener Staat könnte selbst zur Selbstverteidigung berechtigt sein, was zu einer Eskalationsspirale führen könnte.

3.3 Selbstverteidigung gegen einen bewaffneten Cyberangriff nicht-staatlicher Akteure

Wenn die Zurechnung zu Staaten regelmäßig problematisch ist, stellt sich die Folgefrage, ob Selbstverteidigung direkt gegen nicht-staatliche Akteure zulässig ist. Art. 51 UN-Charta enthält keine Begrenzung des Rechts auf Selbstverteidigung gegen nicht-staatliche Akteure. Zudem hat sich im Zuge der Terrorismusbekämpfung nach den Anschlägen vom 11. September 2001 eine tendenziell permissive Staatspraxis entwickelt. Zwei UN-Sicherheitsratsresolutionen bestätigten das Recht zur Selbstverteidigung der USA gegen die auf afghanischem Territorium operierende Al-Quaida, ohne deren Aktivitäten dem afghanischen

---

10 Case Concerning Air Service Agreement of 27 March 1946 (USA v France), para. 81.

Staat zuzurechnen (vgl. UN-Dok. S/Res/1368 vom 12. September 2001 und S/Res/1373 vom 28. September 2001). Problematisch ist, dass Selbstverteidigung gegen nicht-staatliche Akteure auf dem Territorium eines Drittstaates regelmäßig die territoriale Integrität des Staates, auf dem sich diese nicht-staatlichen Akteure befinden, beeinträchtigt. Staaten sind daher gut beraten, zunächst die Kooperation mit dem Territorialstaat zu suchen. Verweigert dieser die Kooperation, könnten Staaten möglicherweise wegen Verletzung einer dem Territorialstaat obliegenden Sorgfaltspflicht zu Gegenmaßnahmen gegen diesen Staat (und hiermit mittelbar auch gegen den nicht-staatlichen Akteur) berechtigt sein (detaillierter hierzu Abschnitt 5).

3.4 Notwendigkeit und Verhältnismäßigkeit der Selbstverteidigung gegen Cyberangriffe

Zudem muss die Ausübung des Selbstverteidigungsrechts gegen eine Cyberattacke sowohl notwendig als auch verhältnismäßig sein. Dies bedeutet zum einen eine Beschränkung in der zeitlichen Dimension. Sobald ein Cyberangriff beendet oder eingedämmt ist, ist Selbstverteidigung zur Abwendung nicht mehr zulässig. Zum anderen müssen die Folgen der Selbstverteidigung im Verhältnis zum ursprünglich erfolgten bewaffneten Angriff stehen. Bei einer Selbstverteidigung mit Cybermitteln ist regelmäßig problematisch, dass sich die konkreten Folgen einer Cyberoperation wegen der Interkonnektivität des Cyberspace nur schwer vorhersehen lassen und unkontrollierbares Übergreifen auf Drittstaaten mit negativen Auswirkungen auf Menschenrechte möglich sind. Entsprechend sind Vorsorgemaßnahmen gegen das unkontrollierte Verbreiten geboten: Denkbar ist zum Beispiel, einen bei der Selbstverteidigung genutzten Malware-Code so zu programmieren, dass nur

Hobbesscher Naturzustand im Cyberspace?

eine begrenzte Zahl von Computern infiziert werden kann oder dass sich der Virus an einem bestimmten Datum löscht. Letztlich trägt der sich selbst verteidigende Staat das Risiko, dass sich seine Selbstverteidigung wegen unerwarteter Folgeschäden Dritter als unverhältnismäßig erweist.

Im Rahmen von Notwendigkeit und Verhältnismäßigkeit stellt sich auch die schwierige Frage, ob es unter Umständen verhältnismäßig sein kann, auf einen Cyberangriff mit konventionellen Waffen, zum Beispiel mit Luftschlägen, zu reagieren. Bisher ist es hierzu nicht gekommen,[11] aber Staaten haben klargemacht, dass sie sich auch diese Option offenhalten möchten (so zum Beispiel die US International Strategy for Cyberspace 2011, S. 14).[12] Manche Autoren lehnen einen möglichen Militärschlag gegen Cyberangriffe jedoch unter Verweis auf regelmäßig zu Verfügung stehende mildere Cybermittel aus Verhältnismäßigkeitsgründen grundsätzlich ab (vgl. Stein und Maraühn 2000, S. 8). Hierdurch wären jedoch Staaten mit begrenzten Cyberkapazitäten faktisch von ihrem Selbstverteidigungsrecht ausgeschlossen. Daher erscheint es überzeugender, eine Selbstverteidigung mit konventionellen militärischen Mitteln nicht von vornherein kategorisch auszuschließen, auch wenn regelmäßig eine Vermutung für die Unverhältnismäßigkeit eines solchen Vorgehens bestehen wird.

---

11 Das Bombardement eines von der Hamas für Cyberoperationen genutzten Gebäudes durch Israel im Mai 2019 stellt keinen Präzedenzfall dar, weil das Bombardement im Kontext eines bewaffneten Konflikts erfolgte.

12 US International Strategy for Cyberspace (2011). https://obamawhitehouse.archives.gov/sites/default/files/rss_viewer/international_strategy_for_cyberspace.pdf.

4 Gegenmaßnahmen gegen Cyberangriffe

Neben dem Recht auf Selbstverteidigung können Staaten zur Völkerrechtsdurchsetzung auch zu sogenannten Gegenmaßnahmen greifen. Gegenmaßnahmen sind eigentlich völkerrechtswidrige Maßnahmen, die in Reaktion auf eine Völkerrechtsverletzung ausnahmsweise zulässig sind, um den rechtsverletzenden Staat wieder zur Rechtskonformität anzuhalten. Die Artikel der *International Law Commission* (*Articles on the Responsibility of States for Internationally Wrongful Acts*, ARSIWA, vgl. UN-Dok. A/56/589 vom 26. November 2001) enthalten völkergewohnheitsrechtlich anerkannte Regeln für Gegenmaßnahmen. Sie bestimmen, dass Gegenmaßnahmen nicht gewaltsam sein dürfen (Art. 50(1a) ARSIWA) und Menschenrechtsverletzungen zu vermeiden sind (Art. 50(1b) ARSIWA). Gegenmaßnahmen müssen nicht reziprok sein, weswegen auf einen Cyberangriff nicht notwendigerweise mit Cybergegenmaßnahmen geantwortet werden muss.

4.1 Cyberangriffe als Verletzung des Interventionsverbots

Kernvoraussetzung für Gegenmaßnahmen ist das Verletzen einer völkerrechtlichen Pflicht. Unterhalb der Schwelle des Gewaltverbots kommt insbesondere eine Verletzung des Interventionsverbots durch Cyberangriffe in Betracht. Das Interventionsverbot verbietet Einmischungen in die inneren und äußeren Angelegenheiten eines Staates. Leiturteil zum Interventionsverbot ist das *Nicaragua*-Urteil des IGH bezüglich militärischer und paramilitärischer Aktivitäten in und gegen Nicaragua, in dem dieser feststellte:

„Intervention is wrongful when it uses methods of coercion in regard to [choices of a political, economic, social and cultural system, and the formulation of foreign policy], which must remain free [choices]. The element of coercion which defines, and indeed forms the very essence of, prohibited intervention, is particularly obvious in the case of an intervention which uses force, either in the direct form of military action, or in the indirect form of support for subversive or terrorist armed activities within another State."[13]

Charakteristisch für die Verletzung des Interventionsverbots ist also ein Zwangselement. Klare Fälle, in denen im Cyberspace sowohl ein Zwangselement als auch ein Eingriff in die inneren oder äußeren Angelegenheiten eines Staates gegeben wären, wären zum Beispiel ein Cyberangriff auf kritische Infrastrukturen, der deren Funktionsfähigkeit aussetzt oder sie beschädigt.[14] Auch die Manipulation einer staatlichen Website, wie im Fall der manipulierten katarischen Website, die im Juni 2017 zur Katar-Blockade führte, verstößt gegen das Interventionsverbot. Staaten haben zudem betont, dass sie die Manipulation von elektronischen Wahlcomputern als Verletzung des Interventionsverbots bewerten (vgl. Wright 2018).

Umstritten ist, inwieweit auch nicht-disruptive oder nicht-destruktive Cyberangriffe das Interventionsverbot verletzen können. Entgegen vereinzelter Vorschläge (vgl. Ohlin 2017, S. 1592) überzeugt es nicht, die Beeinflussung demokratischer Meinungsbildungsprozesse als Verletzung des Interventionsverbots zu werten. Problematisch ist hierbei insbesondere, wer das Objekt von Zwangsausübung sein soll: einzelne Wählerinnen und Wähler, das Elek-

---

13 Internationaler Gerichtshof, *Case Concerning Military and Paramilitary Activities in and against Nicaragua (Nicaragua v USA) (Merits)* Urteil [1986] ICJ Rep 65, para. 205. https://www.icj-cij.org/files/case-related/70/070-19860627-JUD-01-00-EN.pdf.

14 In einem solchen Fall könnte gegebenenfalls sogar das Gewaltverbot verletzt sein.

torat als Ganzes oder einzelne Politikerinnen und Politiker (zum Beispiel durch das Veröffentlichen kompromittierender Emails)? Zudem erscheint es teleologisch bedenklich, Restriktionen von als politisch destabilisierend wahrgenommenen Informationen im Cyberspace zu legitimieren, da hiermit erhebliche Gefahren für die Meinungs- und Informationsfreiheit im Cyberspace verbunden sein dürften. Umstritten sind auch Cyberspionageaktivitäten. Spionage ist völkerrechtlich grundsätzlich zulässig, auch wenn sie regelmäßig nationales Recht verletzt. Wie die Snowden-Enthüllungen zum NSA-Spionageprogramm gezeigt haben, sind Spionageaktivitäten auch im Cyberspace weit verbreitet. Die internationale Gemeinschaft hat zwar mit starker Kritik auf die Enthüllungen reagiert. Hieraus lässt sich jedoch nicht ableiten, dass Staaten Cyberspionage als völkerrechtswidrig ansehen. Im Gegenteil: Staaten sind nach den Enthüllungen vermehrt dazu übergegangen, ihre Nachrichtendienste ausdrücklich zu extraterritorialer Cyberspionage zu ermächtigen (vgl. u. a. das Schweizer Nachrichtendienstgesetz 2017, Art. 37). Wie auch das Tallinn Manual argumentiert, stellt Cyberspionage daher allenfalls dann eine Verletzung des Interventionsverbots dar, wenn ein für Spionage eingesetzter Malware-Code, gegebenenfalls auch unbeabsichtigt, Schäden an der Cyberinfrastruktur verursacht (vgl. Schmitt 2017, Rule 32, para. 14).

4.2 Cyberangriffe als Verletzung von Souveränität

Neben dem Interventionsverbot wurde in jüngerer Zeit verstärkt diskutiert, inwieweit Souveränität im Cyberspace nicht nur ein völkerrechtliches Grundprinzip, sondern auch eine Rechtsnorm darstellt. Souveränität ist im Völkerrecht ein Grundprinzip; jedoch nicht unmittelbar ein Ge- oder Verbot. In diesem Sinne formulierte die von der UN eingesetzte Gruppe von Regierungsexpertinnen und -experten:

> "[state sovereignty] and international norms and principles that flow from sovereignty apply to the conduct by States of [information and communications technologies]-related activities" (UN-Dok. A/70/174 vom 22. Juli 2015).

Entsprechend erscheint der Vorschlag einer Souveränitätsnorm im Cyberspace im völkerrechtlichen Gesamtkontext zunächst atypisch. Jedoch scheint eine solche Souveränitätsnorm im Cyberspace verschiedene Vorteile zu bieten: Wie oben dargestellt erreichen viele Cyberangriffe die Schwelle des Gewalt- beziehungsweise Interventionsverbots nicht. Hieraus könnte im Cyberspace eine Rechtsschutzlücke entstehen, die durch das residuale Eingreifen einer Souveränitätsnorm abgemildert werden könnte. Das Tallinn Manual argumentiert, dass ein Cyberangriff auf ein in einem Drittstaat gelegenes IT-System dann eine Verletzung der Souveränität dieses Drittstaats darstellt, wenn durch den Angriff exklusiv dem Drittstaat zustehende hoheitliche Kompetenzen usurpiert werden. Als Beispiel führt das Tallinn Manual die eigenmächtige Sicherung von auf dem Territorium eines Drittstaates gelegenen elektronischen Beweisen auf (vgl. Schmitt 2017, Rule 4, para. 10).

Wie allerdings auch das Tallinn Manual anerkennt, haben sich Staaten bisher nicht auf eine solche Norm gestützt, beziehungsweise das Bestehen einer solchen Norm sogar ausdrücklich abgelehnt (vgl. Wright 2018), möglicherweise auch, um ihren eigenen Spielraum für offensive Cyberoperationen nicht zu verkürzen. Im Ergebnis kann daher *de lege lata* nicht vom Bestehen einer Souveränitätsnorm im Cyberspace ausgegangen werden.

4.3 Cyberangriffe als Verletzung von Menschenrechten

Staatliche Cyberangriffe verletzen zudem häufig Menschenrechte. Staaten sind auch extraterritorial an Menschenrechte gebunden, wenngleich sich Unterschiede im Schutzniveau ergeben können. Mit der zunehmenden Verquickung sämtlicher Lebensbereich mit IT steigt auch die menschenrechtliche Verwundbarkeit für Cyberangriffe. Die Snowden-Enthüllungen haben die besondere Verwundbarkeit des Rechts auf Privatsphäre im Cyberspace deutlich gemacht. Jedoch kommen auch zahlreiche weitere Menschenrechte in Betracht: Cyberangriffe auf kritische Infrastrukturen können zahlreiche *Knock-On*-Effekte auf Menschenrechte wie zum Beispiel das Recht auf Leben und körperliche Unversehrtheit oder das Recht auf Eigentum haben. Die Verwundbarkeit von Individuen und hiermit auch die menschenrechtliche Relevanz von Cyberangriffen wird mit dem Internet der Dinge zunehmen. Es bleibt abzuwarten, ob sich Cybersicherheit als Annex-Recht zu bestehenden Menschenrechten entwickelt. Auch ein eigenes Menschenrecht auf Cybersicherheit, das die nahezu alle Lebensbereiche erfassende Wichtigkeit von Cybersicherheit erfasst, scheint denkbar. In Bezug auf Gegenmaßnahmen ist mit Blick auf die gemäßigten staatlichen Reaktionen auf die Snowden-Enthüllungen jedoch fraglich, inwieweit Staaten in der Zukunft auf Menschenrechtsverletzungen mit Gegenmaßnahmen reagieren werden.

4.4 Zurechnung, Beweisstandard, Notwendigkeit, Verhältnismäßigkeit

Wie beim Selbstverteidigungsrecht stellt sich auch beim Recht auf Gegenmaßnahmen das Zurechnungs- und Beweisproblem:

Gegenmaßnahmen können nur gegen Staaten erfolgen; wie oben dargestellt können Staaten Rechtsverletzungen von nicht-staatlichen Akteuren nur ausnahmsweise zugerechnet werden. Zudem müssen auch bei Gegenmaßnahmen klare und überzeugende Beweise vorliegen; ebenso müssen Gegenmaßnahmen notwendig und verhältnismäßig sein. Entsprechend sind Cyberangriffe nur gegen unmittelbar ablaufende Cyberangriffe zulässig. Ist der Cyberangriff beendet oder unterbunden, müssen Gegenmaßnahmen eingestellt werden (Art. 53 ARSIWA). Während Cyberangriffe noch fortdauern, werden Staaten indes regelmäßig nicht in der Lage sein, auf hinreichend fundierter Beweisgrundlage zu agieren, und setzen sich entsprechend der Gefahr aus, bei einer unzutreffenden Zurechnung wegen einer Völkerrechtsverletzung ihrerseits Gegenmaßnahmen ausgesetzt zu sein. Auch sind unkontrollierbare Auswirkungen von Cyberoperationen auf Drittstaaten und Menschenrechte möglich, die im Ergebnis zur Unverhältnismäßigkeit der Gegenmaßnahmen führen können. Entsprechend unterliegen Staaten bei der Ausübung ihres Rechts auf Gegenmaßnahmen gegen Cyberangriffe engen völkerrechtlichen Grenzen.

4.5 Notstand

Da Selbstverteidigung und Gegenmaßnahmen im Cyberspace häufig erheblichen völkerrechtlichen Bedenken ausgesetzt sind, wird vermehrt die Frage diskutiert, inwieweit sich Staaten in engen Grenzen zur Gegenwehr gegen Cyberangriffe auf Notstand berufen können. Völkergewohnheitsrechtlich ist anerkannt, dass eine völkerrechtswidrige Handlung wegen Notstands gerechtfertigt sein kann, wenn diese Handlung der einzige Ausweg ist, den Staat vor einer schweren immanenten Gefahr zu schützen.[15] Zudem darf die Notstandshandlung nicht das wesentliche Interesse des von der Notstandshandlung betroffenen Staates oder der internationalen Gemeinschaft beeinträchtigen (Art. 25(1b) ARSIWA). Da auch Notstandshandlungen gegen Private zulässig sind, vermeidet eine Berufung auf Notstand im Cyberspace das Problem, dass die Cyberangriffe regelmäßig nicht einem Staat zugerechnet werden können. Zudem bedarf es für die Ausübung von Notstandshandlungen keiner Völkerrechtsverletzung, was im Cyberspace mit Blick auf die dort bestehenden Unklarheiten bezüglich des konkreten Inhalts von Verbotsnormen einen erheblichen Vorteil darstellt. Ein zentraler Unterschied zwischen der Berufung auf Notstand und der Ausübung des Rechts auf Gegenmaßnahmen oder der Selbstverteidigung besteht darin, dass die Berufung auf Notstand nicht der Völkerrechtsdurchsetzung dient, sondern vielmehr einen Rechtfertigungsgrund in extremen Ausnahmesituationen darstellt. Entsprechend kommt die Berufung auf Notstand wegen der offensichtlichen Missbrauchsgefahr nur in zeitlich eng begrenzten und objektiv zu bestimmenden Fällen in Betracht. Eine „schwere immanente Gefahr" für einen Staat ließe sich daher allenfalls bei einem unmittelbar bevorstehenden oder gerade stattfindenden Cyberangriff auf kritische Infrastrukturen, der erhebliche Schäden für die Umwelt, Wirtschaft oder Versorgungssicherheit zu verursachen droht, annehmen (vgl. Schmitt 2017, Rule 26, para. 11). Die Annahme eines latent bestehenden Notstands aufgrund von kontinuierlich bestehenden Sicherheitsrisiken im Cyberspace würde demgegenüber den Anwendungsbereich der Norm erheblich

---

15 Internationaler Gerichtshof, Gabčíkovo-Nagymaros Project *(Hungary v Slovakia)* [1997] ICJ Rep 7. para. 51. https://www.icj-cij.org/files/case-related/92/092-19970925-JUD-01-00-EN.pdf.

überdehnen und den Cyberspace gefährlich nah an einen Zustand weitgehender Rechtlosigkeit führen.

4.6 Zwischenbetrachtung

Die obigen Ausführungen verdeutlichen, dass das Völkerrecht Staaten verschiedene Möglichkeiten gibt, auf Cyberangriffe zu reagieren, die jedoch regelmäßig eng begrenzt sind. Kernprobleme für die Durchsetzung von Völkerrecht im Cyberspace sind die weitgehende Unklarheit, wie bestehende Völkerrechtsnormen konkret auszulegen sind, sowie Zurechnungs- und Beweisprobleme. Die Staatenpraxis ist weitgehend intransparent, da Staaten ihre Cyberoperationen bewusst geheimhalten wollen.[16] Zudem sind Staaten sehr zurückhaltend, ihre Rechtsauffassung zu konkreten Cyberoperationen und deren völkerrechtlicher Bewertung zu äußern. Staaten, die auf Cyberangriffe mit offensiven Cyberoperationen zur Selbstverteidigung oder als Gegenmaßnahme reagieren, setzen sich aufgrund der verschiedenen völkerrechtlichen Grauzonen regelmäßig dem Risiko aus, völkerrechtswidrig zu handeln.

5 Alternative: Fokus auf dem völkerrechtlichen Sorgfaltsprinzip (*Due Diligence*)

Wegen der engen Grenzen für das Selbstverteidigungsrecht, das Recht auf Gegenmaßnahmen und die Berufung auf Notstand wird

---

16 Vielsagend ist das Statement des UK Attorney General Wright (2018), in dem er implizit verdeckte Cyber-Gegenmaßnahmen einräumt: „The covertness and secrecy of the countermeasures must of course be considered necessary and proportionate to the original illegality".

ein primär reaktiver Ansatz daher regelmäßig nicht genügen, um Sicherheitsbedrohungen aus dem Cyberspace effektiv zu begegnen. Alternativ wird daher gefordert, verstärkt Prävention und Resilienz zur Stabilisierung des Cyberspace in den Blick zu nehmen (vgl. Bendiek 2016, S. 6). Diesbezüglich wird insbesondere diskutiert, inwiefern eine Konkretisierung des allgemeinen völkerrechtlichen Sorgfaltsprinzips (*Due Diligence*) im Cyberspace nachhaltig stabilisierend wirken könnte.

Nach dem *Due Diligence*-Prinzip ist jeder Staat völkerrechtlich verpflichtet, bestmöglich dafür Sorge zu tragen, dass sein Territorium nicht wissentlich für Handlungen genutzt wird, die die Rechte anderer Staaten verletzen.[17] Unterlässt er pflichtwidrig Sorgfaltsmaßnahmen und kommt es zu einer Rechtsverletzung, liegt eine Völkerrechtsverletzung vor, für die er zur Verantwortung gezogen werden kann. Anders als bei den oben behandelten Normen folgt die staatliche Verantwortlichkeit also unmittelbar aus einem sorgfaltswidrigen staatlichen Unterlassen. Auf die Zurechenbarkeit des Verhaltens eines privaten Akteurs kommt es nicht an. Es kommt auch nicht darauf an, ob das Unterlassen unmittelbar kausal für die Rechtsverletzung war. Es genügt, dass es das Risiko einer Rechtsverletzung erhöht hat. Die Geltung dieses Prinzips im Cyberspace wurde in UN-Berichten (vgl. UN-Dok. A/70/174 vom 22. Juli 2015, para. 13c) sowie von einzelnen Staaten und der EU (vgl. EU-Dok. JOIN/2013/0001 final vom 7. Februar 2013) anerkannt. Was als völkerrechtlich gebotener Sorgfaltsstandard im Cyberspace gilt, ist bislang nicht ausdrücklich konkretisiert worden. Jedoch bilden sich in der Staatenpraxis Minimalstandards für sorgfältiges staatliches Handeln heraus: Beispielsweise verfügt

---

17 Internationaler Gerichtshof, Corfu Channel Case (United Kingdom of Great Britain and Northern Ireland v.Albania [1949] ICJ Rep 4, para. 22. https://www.icj-cij.org/files/case-related/1/001-19490409-JUD-01-00EN.pdf.

nahezu jeder Staat inzwischen über eine nationale Cybersicherheitsstrategie, über ein *Computer Emergency Response Team* oder hat ein Mindestmaß an strafrechtlichen Cybercrimegesetzen. Auch Zertifizierungs-, Update- und Meldepflichten von Betreibern kritischer Infrastrukturen sind international weit verbreitet (zum Beispiel enthält die EU-Richtlinie zur Netzwerk- und Informationssicherheit solche Pflichten, vgl. EU/2016/1148, Art. 14). Staaten, die entsprechende Vorsichtsmaßnahmen nicht ergreifen, handeln daher regelmäßig sorgfaltswidrig. Mittelfristig erscheint es auch denkbar, dass darüber hinaus das Nicht-Veröffentlichen von entdeckten Schutzlücken in Hard- und Software oder das Nicht-Einhalten prozeduraler Standards bei Cyberzwischenfällen als sorgfaltswidrig einzustufen ist.

Ein wesentlicher Vorteil des *Due Diligence*-Prinzips besteht darin, dass sich das Verletzen der Sorgfaltspflicht regelmäßig recht einfach nachweisen lassen wird. So kann beispielsweise leicht festgestellt werden, ob Cybercrime-Strafgesetze bestehen oder ein Staat angemessen auf ein Kooperationsersuchen bei einem Cyberzwischenfall reagiert hat. Ein weiterer Vorteil für Staaten ist, dass der erforderliche Sorgfaltsmaßstab von der technischen Kapazität des jeweiligen Staates abhängt (vgl. International Law Association 2016, S. 13); von Staaten mit geringeren Cyberkapazitäten kann nicht die gleiche Sorgfalt erwartet werden wie von hochtechnologisierten Staaten. Entsprechend wird eine Überforderung von Staaten vermieden. Die *Due Diligence*-Norm ist zudem konzeptuell entwicklungsoffen, sodass sie Veränderungen in international üblichen Sorgfaltsstandards flexibel erfassen kann.

Indes ergeben sich auch im Rahmen einer *Due Diligence*-Verletzung rechtliche Folgeprobleme. Insbesondere kann daran gezweifelt werden, inwieweit Staaten das *Due Diligence*-Prinzip als rechtsverbindlichen Grundsatz aufgreifen, an dessen Verletzung Rechtsfolgen geknüpft werden können. Die UN-Berichte rekurrieren auf dieses Prinzip in ausdrücklich nicht-verbindlicher Sprache („should" statt „shall" sowie ausdrücklich „non-binding norms of responsible state behaviour").

6 Potenzial und Grenzen von Völkerrecht und seiner Durchsetzung im Cyberspace

Die obigen Ausführungen haben gezeigt, dass das bestehende Völkerrecht im Cyberspace Anwendung findet und es präventive Sorgfaltspflichten bezüglich Sicherheitsrisiken sowie Rechtsregeln für staatliche Reaktionen auf Cyberangriffe festlegt. Von einem Hobbesschen Naturzustand im Cyberspace kann daher nicht ausgegangen werden. Ebenso ist die eingangs erwähnte Annahme eines bereits stattfindenden Cyberwar aus völkerrechtlicher Perspektive nicht haltbar.

Jedoch bestehen grundlegende Probleme, die die praktische Wirksamkeit und Durchsetzung von Völkerrecht im Cyberspace schwächen. Staaten artikulieren bisher nur sehr zurückhaltend ihre *opinio iuris*, wohl auch um ihren eigenen Handlungsspielraum im Cyberspace nicht zu reduzieren. Gleichzeitig bleiben staatliche Cyberoperationen weitgehend intransparent, sodass sie einer differenzierten Bewertung im internationalen völkerrechtlichen Diskurs weitgehend entzogen sind. Eine Substantiierungspflicht dahingehend, dass Staaten bei öffentlichen Anschuldigungen von Cyberangriffen nicht nur technische Beweise vorlegen, sondern auch klarstellen müssen, welche Völkerrechtsnormen sie durch einen Cyberangriff verletzt sehen, würde zur Herausbildung einer klareren *opinio iuris* beitragen. Es bleibt abzuwarten, inwieweit die nach dem Scheitern 2017 Ende 2018 neu eingesetzte UN-Expertengruppe zu völkerrechtlichen Regeln zu Cybersicherheit zur Spezifizierung völkerrechtlicher Standards beitragen kann. Ein neuer

Bericht der UN-Expertengruppe ist für 2021 geplant. Ebenso bleibt abzuwarten, inwieweit die parallel zur Expertengruppe eingesetzte *Open-Ended Working Group,* zu Fortschritten im internationalen Rechtsdiskurs führt. Im Unterschied zur UN-Expertengruppe kann sich im Rahmen der *Open-Ended Working Group* jeder der 193 UN-Staaten einbringen. Während die Inklusivität dieser Gruppe grundsätzlich zu begrüßen ist, dürfte die Konsensbildung erschwert sein.

Auch bei fortschreitender Verrechtlichung werden Völkerrechtsnormen allein für ein höheres Maß an internationaler Cybersicherheit nicht genügen, da das klassische Völkerrecht die überaus bedeutende Rolle des privaten Sektors nur begrenzt konzeptuell erfassen kann. Eine Schlüsselrolle wird daher auch anderen Rechtsregimen wie Produkthaftung und Exportkontrolle oder industriellen *Best Practice*-Standards zukommen. Ebenso ist die Förderung von Technologietransfer in technologisch weniger entwickelte Länder und die Erhöhung von IT-Standards essenziell, um digitale *Safe Haven*, die für Cyberangriffe genutzt werden können, zu reduzieren. Solche „weichen" Mittel werden im Cyberspace häufig wesentlich effizienter sein als das harte Schwert der rechtsdurchsetzenden Gewalt.

Literatur

Bendiek, Annegret. 2016. Due Diligence in Cyberspace: Guidelines for International and European Cyber Policy and Cybersecurity Policy. http://nbn-resolving.de/urn:nbn:de:0168-ssoar-47152-8. Zugegriffen: 1. Juni 2019.
Dearden, Lizzie. 2017. Russia's Meddling in US Election Could be „Act of Aggression", says NATO Commander. https://www.independent.co.uk/

news/world/europe/russia-donald-trump-hacking-us-election-act-of-war-collective-defence-nato-commander-donald-trump-uk-a7609551.html. Zugegriffen: 1. Juni 2019.

Eichensehr, Kristen. 2017. Three Questions on the Wanna Cry Attribution to North Korea. https://www.justsecurity.org/49889/questions-wannacry-attribution-north-korea/. Zugegriffen: 1. Juni 2019.

Geiß, Robin und Henning Lahmann. 2012. Principle of Distinction. *Israel Law Review* 45: 381–399.

Geiß, Robin und Henning Lahmann. 2013. Freedom and Security in Cyberspace: Shifting the Focus away from Military Responses towards Non-Forcible Countermeasures and Collective Threat-Prevention. In *Peacetime Regime for State Activities in Cyberspace,* hrsg. von Katharina Ziolkowski, 621–658. Tallinn: NATO CCD COE Publication.

International Law Association, Study Group on Due Diligence in International Law. 2016. Second Report. https://ila.vettoreweb.com/Storage/Download.aspx?DbStorageId=1427&StorageFileGuid=ed229726-4796-47f2-b891-8cafa221685f. Zugegriffen: 25. Juni 2019.

Krieger, Heike. 2012. Krieg gegen Anonymous. *Archiv des Völkerrechts* (50): 1–20.

Melnitzky, Alexander. 2012. Defening America against Chinese Cyber Espionage Though the Use of Active Defences, *Cardozo Journal of International and Comparative Law* (20): 538–570.

Ohlin, Jens David. 2017. Did Russian Cyber Interference in the 2016 Election Violate International Law? *Texas Law Review* (95): 1579–1598.

Roscini, Marco. 2014. *Cyber Operations and the Use of Force in International Law.* Oxford: Oxford University Press.

Schmitt, Michael N. (Hrsg.). 2017. *Tallinn Manual 2.0 on the International Law Applicable to Cyber Operations.* Cambridge: Cambridge University Press.

Stein, Torsten und Thilo Marauhn. 2000. Völkerrechtliche Aspekte von Informationsoperationen. *Zeitschrift für ausländisches öffentliches Recht und Völkerrecht* (60).

Woltag, Johann-Christoph. 2014. *Cyberwarfare.* Cambridge: Intersentia.

Wright, Jeremy, UK Attorney General. 2018. Cyber and International Law in the 21st Century. 23. Mai 2018. https://www.gov.uk/government/speeches/cyber-and-international-law-in-the-21st-century. Zugegriffen: 25. Juni 2019

Der Cyber-Rüstungswettlauf
Gefahren und mögliche Begrenzungen

Jürgen Altmann

1 Einleitung

Streitkräfte vieler Staaten haben sich dem Cyberbereich als fünftem Raum der Kriegführung zugewandt; 2013 hatten mindestens 47 Länder militärische Cybereinheiten gegründet (vgl. Lewis 2013), und auch die Bundeswehr verfügt seit 2016 über einen eigenen Organisationsbereich Cyber- und Informationsraum (vgl. BMVg o. J.; Reinhold 2017). Cyberstreitkräfte sollen nicht nur defensiv agieren – Angriff und Gegenangriff sind Teil ihrer Kampfvorbereitungen. Ein Cyber-Wettrüsten ist in vollem Gange. Cyberangriffe umfassen ein breites Spektrum, vom einfachen Eindringen in die (militärischen oder zivilen) Rechnersysteme eines Gegners zur Informationsgewinnung bis zur Zerstörung der militärischen oder zivilen Infrastruktur; dies reicht weit über die IT-Systeme hinaus. Entsprechend sind auch schon Abschreckungsstrategien für ein Zurückschlagen in der realen Welt entwickelt worden. Auch auf anderem Weg gibt es direkte Verknüpfungen zwischen Cyber- und physischer Welt: Streitkräfte benutzen in rapide wachsendem Maße Informationstechnik, so dass Angriffe darauf bereits integraler

Bestandteil von Kriegsplanungen geworden sind. Völkerrechtsexpertinnen und -experten haben detaillierte Regeln für die Cyberkriegsführung entwickelt und die Frage beantwortet, wann ein Cyberangriff als bewaffneter Angriff gelten kann, der militärische Verteidigung auch mit herkömmlichen Waffen rechtfertigt (vgl. Schmitt 2017). Cyberrüstung geschieht relativ verdeckt, anders als in anderen Bereichen, wo Panzer, Raketen oder Kampfflugzeuge als physische Objekte sichtbar sind und in der Regel bei Messen und Truppenparaden demonstriert werden.

Im Folgenden wird kurz dargestellt, dass die Vorbereitungen auf Cyberangriffe die internationale Sicherheit gefährden. Als erster Schritt für Begrenzungen werden vertrauens- und sicherheitsbildende Maßnahmen (VSBM) empfohlen; dabei können die für konventionelle Streitkräfte in Europa geltenden VSBM zum Teil auf Cyberstreitkräfte übertragen werden.

2 Cyberangriffsvorbereitungen, Wettrüsten und Destabilisierung

Zum Eindringen in fremde Netze benutzen Cyberstreitkräfte und Geheimdienste grundsätzlich ähnliche Methoden wie Kriminelle. Es gibt aber deutliche Unterschiede, sowohl in der Ausgefeiltheit der Mittel als auch bei den beabsichtigten Konsequenzen. Staatliche Institutionen für Cyberspionage und Cyberkrieg haben erhebliche Geld- und Personalressourcen zur Verfügung, um nach Lücken in der Software zu suchen oder sie gar gezielt dort einzubringen sowie um Werkzeuge zum Eindringen, zur gezielten oder breiten Störung oder Zerstörung zu entwickeln und zu erproben (vgl. Ruhmann 2013). Zum Beispiel kamen Analysen des von den USA und vermutlich Israel entwickelten Stuxnet-Wurms gegen eine iranische Urananreicherungsanlage – des bislang größten bekannt gewordenen Cyberangriffs – zu dem Schluss, dass eine gründliche Erprobung und dafür auch ein voll funktionsfähiger Nachbau einer Zentrifugenkaskade mit echtem Uranhexafluoridgas erforderlich waren, verbunden mit einem erheblichen Personalaufwand (vgl. Langner 2013; Falliere et al. 2011). Wenn ein solches Schadprogramm öffentlich wird, können aber andere es mit sehr wenig Aufwand nutzen, solange die verwendeten Schwachstellen in Betriebssystemen, Netzwerken und Prozesssteuerungen nicht behoben sind.

Die Ziele militärischer Cyberoperationen reichen von sehr präzisen Angriffen auf ganz spezifische Computer beziehungsweise auf die von diesen gesteuerte Anlagen bis zu großflächigem Abschalten der militärischen Kommunikations- und Steuersysteme oder der zivilen Infrastruktur in dem Zielland. Kriminelle könnten sich Ähnliches vornehmen, hätten aber deutlich weniger Möglichkeiten, zum Beispiel Schutzmaßnahmen zu überwinden.

Prinzipiell ist es denkbar, IT-Systeme wirksam zu schützen, indem schon die Hardware auf sicheren Betrieb ausgelegt wird und die Software – Betriebssysteme, Netzwerk- und Anwendungsprogramme – entsprechend gestaltet werden sowie wichtige Infrastruktur vom Internet getrennt wird. Die Umsetzung ist aber aus verschiedenen Gründen schwierig: Zunächst erschweren oder gar verhindern die ungeheure Zahl installierter Systeme und die immense in Software investierte Arbeit eine grundsätzliche Umstellung. Zweitens besteht in der Software-Branche auch wegen der Konkurrenz eine besondere Kultur – neue Produkte werden schnell auf den Markt gebracht, ohne sie gründlich auf Schwachstellen zu prüfen; anders als bei sonstigen Produkten reifen sie erst beim Kunden aus. Ein drittes Problem liegt in der Bequemlichkeit der Nutzer; ihnen sollen keine komplizierten Zugangsverfahren zugemutet werden. Schließlich besteht aber auch in wachsendem Maße ein Interesse von Streitkräften und Geheimdiensten, in fremde IT-Systeme einzudringen und Angriffsmöglichkeiten offenzuhalten. Das führt dazu, dass Schwachstellen nicht bekannt gemacht und behoben werden, sondern geheim gehalten und gehortet werden. So tragen Cyberkriegsvorbereitungen direkt dazu bei, die IT-Sicherheit zu schwächen, was wiederum Argumente für verstärkte militärische Vorbereitungen liefert. Dabei verfügen Streitkräfte und Geheimdienste über erheblich mehr Möglichkeiten und Ressourcen zum Eindringen als zivile Ermittlungsbehörden (vgl. Ruhmann 2013).

Die Vorbereitungen auf Cyberangriffe erhöhen die gegenseitige Bedrohung. Massive Angriffe können Streitkräfte, aber auch ganze Gesellschaften lähmen. Diese Bedrohungen erzeugen Angst und Misstrauen, was durch Geheimhaltung noch verstärkt wird. Cyberangriffe können in Sekunden erfolgen, daher gibt es Bestrebungen, die Reaktionen zu automatisieren und gegebenenfalls auch durch lernende künstliche Intelligenz steuern zu lassen, was wiederum zu wiederholten Wechselwirkungen zwischen zwei oder mehreren automatischen Systemen von Cyberangriff und -reaktion führen kann. Sie könnten nie zusammen erprobt werden, also können die Abläufe und Ergebnisse nicht vorhergesagt werden. Eine schnelle Eskalation wäre aber sehr wahrscheinlich – ähnlich zum Fall zweier Flotten autonomer Waffensysteme, die sich in einer Krise intensiv beobachten würden, ob es Anzeichen für den Beginn eines Angriffs gibt (vgl. Altmann und Sauer 2017) –, wonach der Cyberkrieg schnell in einen Krieg in der realen Welt übergehen könnte.

Eine Destabilisierung der militärischen Lage zwischen potenziellen Gegnern wurde schon im Kalten Krieg als Gefahr beschrieben, damals vor allem mit Kernwaffen, aber die Mechanismen gelten allgemein. Destabilisierung ergibt sich, wenn große Schäden möglich sind, ein hohes Risiko von nicht autorisierten Angriffen oder Angriffen aus Versehen besteht und Entscheidungszeiten kürzer werden, insbesondere wenn man befürchten muss, dass ein Warten auf den gegnerischen Angriff massive Nachteile bedeuten würde. Diese Bedingungen sind bei den Vorbereitungen auf Cyberangriffe gegeben.

Im Prinzip könnten Staaten einseitig auf offensive Vorbereitungen verzichten. Solche Erklärungen wären aber nicht unbedingt glaubwürdig und würden andere Länder kaum zur Nachahmung motivieren. Die klassische Methode, Wettrüsten und Destabilisierung zu verhindern, ist rechtlich verbindliche Rüstungsbegrenzung mit verlässlicher Verifikation. Aber internationale Begrenzungen von Cyberstreitkräften treffen auf erhebliche Schwierigkeiten:

- Cyberwaffen[1] oder ihre Komponenten, die als Hardware realisiert sind, können sehr klein sein und in Großserie produziert werden (zum Beispiel Steckverbinder mit versteckten Elementen zum Eindringen). Solche Dinge unter den Millionen gleichartiger, im zivilen Leben benutzter Gegenstände zu finden, ist praktisch ausgeschlossen. Cyberwaffen oder ihre Komponenten in Software können schnell ohne Kosten vervielfältigt werden, also ist es sinnlos, sie zu zählen.
- Dieselben Cyberwaffen können von Kriminellen, Hackern, Geheimdiensten und Streitkräften benutzt werden. Zwar können die der letzteren beiden erheblich ausgefeilter sein, aber wenn

---

1 Cyberwaffe wird hier verstanden als „ein Teil eines Geräts, ein Apparat oder irgendeine Menge von Computerbefehlen, die in einem Konflikt zwischen Akteuren, sowohl national als auch nicht-national, zu dem Zweck benutzt werden, einen physischen Schaden an Gerät oder Menschen, auch indirekt, hervorzurufen, oder eher auf direkte Art die Informationssysteme eines empfindlichen Ziels des angegriffenen Subjekts zu sabotieren oder zu schädigen" (Mele 2013, Übersetzung d. Verf.). Das heißt, einfache Eindringsysteme werden nicht als Waffen gezählt.

sie nach ihrer Nutzung bekannt werden, stehen sie auch anderen Akteuren zur Verfügung.
- Die Fähigkeiten von Cyberwaffen können bis zu ihrer Nutzung geheim gehalten werden, anders als bei den meisten neuen physischen Waffen wie etwa Flugkörpern, die bei Waffenmessen vorgeführt und deren Spezifikationen oft veröffentlicht werden.
- Die Eigenschaften und Mechanismen von Cyberwaffen müssen geheim gehalten werden, weil man sonst, sobald sie bekannt sind, wirksame Gegenmaßnahmen entwickeln kann.
- Schon Spionage braucht das Eindringen in IT-Systeme eines möglichen Gegners. Erweist sich dies als erfolgreich, ist es nur noch ein kleiner Schritt, Daten zu verändern, das heißt einen Angriff auszuführen.
- Wenn ein Akteur erfolgreich eingedrungen ist oder angegriffen hat, ist es sehr schwer, ihn zu identifizieren (Attribuierung), da es viele Verschleierungsmöglichkeiten gibt.

Aus diesen Gründen sind bisherige Methoden von Rüstungskontrolle und Verifikation extrem schwer oder unmöglich umzusetzen, etwa die Definition von Waffenarten, ihre numerische oder räumliche Eingrenzung und das Zählen vorhandener Systeme (wie bei den Verträgen über Nuklear- oder konventionelle Waffen) beziehungsweise die Messung vorhandener Mengen (wie beim Chemiewaffen-Übereinkommen oder einigen Sicherungsmaßnahmen der Internationalen Atomenergie-Organisation).

Rüstungskontrolle bei Cyberkriegsvorbereitungen ist dringend nötig, braucht aber die Ausarbeitung überzeugender Konzepte für Begrenzungen und ihre Verifikation. Solange Rüstungsbegrenzung nicht erreichbar scheint, ist es ratsam, als vorgeschalteten Schritt Vertrauens- und Sicherheitsbildende Maßnahmen zu vereinbaren (vgl. Altmann 2019a).

3 Vertrauens- und Sicherheitsbildende Maßnahmen für konventionelle Streitkräfte

Vertrauens- und Sicherheitsbildende Maßnahmen dienen dazu, Misstrauen und Angst zu verringern und können als Vorläufer für echte Rüstungskontrolle mit vereinbarter Verifikation wirken. Das wichtigste Beispiel bilden die VSBM für konventionelle Streitkräfte in Europa, die im Rahmen der Organisation für Sicherheit und Zusammenarbeit in Europa (OSZE) vereinbart wurden. Diese VSBM sind im sogenannten Wiener Dokument festgelegt, das über die Jahrzehnte immer wieder erweitert wurde (OSCE 2011). Hier haben sich die 57 OSZE-Mitgliedsstaaten aus Europa, Mittelasien und Nordamerika in Bezug auf ihre in Europa auf Land stationierten Streitkräfte zu einer Reihe von Maßnahmen verpflichtet: Sie tauschen Informationen über ihre Kräfte, Befehlsstrukturen, Budgets und Hauptwaffensysteme aus, führen neue Waffen und neues Gerät vor, ihre Streitkräfte haben gegenseitige Kontakte und besuchen sich, sie können die Manöver der anderen beobachten, und es gibt Regeln für militärische Aktivitäten, deren Einhaltung mittels Boden- und Luftinspektionen überprüft werden kann. Diese VSBM sind politisch verbindlich, nicht freiwillig. Sie sind schwächer als rechtlich verbindliche internationale Verträge, aber die Erfüllung der eingegangenen Verpflichtungen ist nicht in das Belieben des jeweiligen Staates gestellt. Die Maßnahmen werden über die OSZE in Wien umgesetzt.

Zwar ist Russland aus dem Vertrag über konventionelle Streitkräfte in Europa ausgestiegen und hat mit der Annektierung der Krim und der militärischen Unterstützung für Separatisten in der Ostukraine Prinzipien des Wiener Dokuments verletzt. Auch gibt es westliche Beschwerden über selektive Umsetzung einiger Regeln (vgl. US Department of State 2017, S. 43ff.). Dennoch werden die

OSZE-VSBM weiterhin im Großen und Ganzen auch in Russland umgesetzt und erfüllen ihre stabilisierende Rolle weit darüber hinaus. Nicht unwichtig sind auch die formellen und informellen Kontakte zwischen den Angehörigen der jeweiligen Streitkräfte, die gegenseitiges Verständnis und Vertrauen aufbauen können.

4 Vertrauensbildung im Cyberbereich

VSBM für Cyberstreitkräfte gibt es (noch) nicht. Allerdings hat die internationale Gemeinschaft in den letzten 15 Jahren Konzepte für Vertrauensbildende Maßnahmen (VBM) im Cyberbereich entwickelt. Sie begründen sich auch aus den Gefahren durch militärische Vorbereitungen, zielen aber eher auf den Schutz der zivilen Infrastruktur vor kriminellen Aktivitäten. Cyberstreitkräfte werden nicht ausdrücklich behandelt – daher fehlt auch das „S" für „Sicherheitsbildende" Maßnahmen in den „VBM" (vgl. Neuneck 2013).

Neben einigen bilateralen Vereinbarungen (USA-Russland 2013, China-Russland 2015, USA-China 2015) sind vor allem die Gruppe der Regierungsexpertinnen und -experten bei den Vereinten Nationen und die Cyber-VBM im Rahmen der OSZE zu nennen. Erstere konnte 2015 einen Konsensbericht beschließen (leider konnte die Nachfolgegruppe sich 2017 nicht einigen, 2018 haben die Vereinten Nationen zwei Arbeitsgruppen beschlossen). Der Bericht beschreibt „existierende und aufkommende Bedrohungen" durch eine

> „böswillige Nutzung von IKT [Informations- und Kommunikationstechnologien] durch staatliche und nicht-staatliche Akteure. Diese Trends erzeugen Risiken für alle Staaten, und der Missbrauch von IKT kann den internationalen Frieden und die internationa-

le Sicherheit schädigen" (UN-Dok. A/70/174 vom 22. Juli 2015; Übersetzung d. Verf.).

Er verweist auf die kriminelle und terroristische Nutzung, die wegen der Schwierigkeit der Attribuierung „destabilisierende Fehlwahrnehmungen, das Potenzial für Konflikt" hervorrufen kann. In Bezug auf Streitkräfte stellt er fest:

> „Eine Reihe von Staaten sind dabei, IKT-Fähigkeiten für militärische Zwecke zu entwickeln. Die Nutzung von IKT in zukünftigen Konflikten zwischen Staaten wird wahrscheinlicher" (UN-Dok. A/70/174 vom 22. Juli 2015; Übersetzung d. Verf.).

Der Bericht listet elf „Normen, Regeln und Prinzipien für das verantwortungsbewusste Verhalten von Staaten" auf, die freiwillig akzeptiert werden sollen (für detaillierte Kommentare vgl. Tikk 2017). Danach sollen Staaten unter anderem kooperieren und schädigende oder bedrohliche Praktiken verhindern. Sie sollen Informationen austauschen, sich gegenseitig helfen, terroristische und kriminelle IKT-Nutzung verfolgen, ihre kritische Infrastruktur schützen, die Integrität der Lieferkette sicherstellen und die Informationssysteme der autorisierten Computer-Notfallteams nicht schädigen. Als VBM empfehlen die Regierungsexpertinnen und -experten Kontaktstellen für ernsthafte IKT-Zwischenfälle, Verfahren für Konsultationen, Transparenz auf vielen Ebenen und das Zur-Verfügung-Stellen nationaler Auffassungen über kritische Infrastrukturen und ihren Schutz.

Die umfassendsten Cyber-VBM wurden im Rahmen der OSZE vereinbart (andere regionale Organisationen haben ebenfalls begonnen, Cyber-VBM zu diskutieren, zu entwickeln und umzusetzen, etwa ASEAN und OAS). Die Ziele sind,

„zwischenstaatliche Kooperation, Transparenz, Vorhersehbarkeit und Stabilität zu stärken und die Risiken von Fehlwahrnehmung, Eskalation und Konflikt, die von der Nutzung von IKT herrühren könnten, zu verringern" (OSCE 2016; Übersetzung d. Verf.).

Zu den 16 beschlossenen Maßnahmen gehören unter anderem das Zur-Verfügung-Stellen nationaler Ansichten über Bedrohungen, die Zusammenarbeit der zuständigen nationalen Stellen, der Informationsaustausch über verschiedene Aspekte, regelmäßige Treffen nationaler Expertinnen und Experten, Seminare und Ähnliches auch mit dem Privatsektor, der Wissenschaft und der Zivilgesellschaft, autorisierte und gesicherte Kommunikationskanäle, Berichte über Verwundbarkeiten sowie der Austausch von Gegenmaßnahmen.

Auch die OSZE-VBM sind strikt freiwillig, die Mitgliedsstaaten nehmen je auf eigenen Wunsch teil. Wie bei den VBM der UN-Regierungsexpertinnen und -experten werden militärische Vorbereitungen als Risiko benannt, die Maßnahmen selbst lassen diese aber ebenfalls aus. So ist es den Staaten überlassen, ob sie militärische Aspekte in den Informationsaustausch und die Zusammenarbeit einbeziehen. Solange das so bleibt, wird die Cyberrüstung höchstens rudimentär erfasst werden. Zwar ist es zur Eindämmung von kriminellen Cyberangriffen und dadurch erzeugten Unsicherheiten und Bedrohungen sehr hilfreich, wenn die VBM umgesetzt werden. Viel größere Gefahren ergeben sich aber aus den militärischen, weitgehend geheimen Vorbereitungen auf eine Cyberkriegsführung, die ja die Staaten in Auftrag geben und mit erheblichen Finanzmitteln ausstatten.

5 Vertrauens- und Sicherheitsbildende Maßnahmen für Cyberstreitkräfte

Misstrauen und Angst aufgrund von Cyberrüstung lassen sich nur durch echte VSBM verringern, die Cyberstreitkräfte direkt zum Inhalt haben und nicht freiwillig, sondern (politisch) verbindlich sind, so wie das bei den OSZE-VSBM für konventionelle Streitkräfte in Europa der Fall ist. Bei der Prüfung einer Übertragung auf Cyberstreitkräfte (vgl. Tabelle 1) zeigen sich Probleme durch die speziellen Eigenschaften des Cyberraums. Einige Maßnahmen wären so aufdringlich, dass sie durch Streitkräfte und Staaten wahrscheinlich nicht akzeptiert werden könnten. Das gilt zum Beispiel für den Austausch der Eigenschaften von Cyberwaffen (Kapitel I des Wiener Dokuments), die Demonstration neuer Waffentypen (Kapitel IV), vorherige Ankündigungen (Kapitel V) und Beobachtungen (Kapitel VI) bestimmter militärischer Aktivitäten sowie die Verifikation durch Inspektionen und Evaluationsbesuche, ob Begrenzungen großer Aktivitäten eingehalten werden (Kapitel IX). Andere Maßnahmen wären schwierig zu definieren und umzusetzen, dies gilt für Stationierungspläne (Kapitel I), vorherige Ankündigungen von Aktivitäten (Kapitel V), Jahreskalender (Kapitel VII) und Begrenzungen großer Aktivitäten (Kapitel VIII).

Andere Maßnahmen dagegen sind bereits in den freiwilligen Cyber-VBM der OSZE als Möglichkeiten vorgesehen. Das umfasst den Informationsaustausch über die Organisation und Personalstärke von Cyberstreitkräften (Kapitel I, VBM 2, 7) über Politik, Doktrin und Budgets sowie den Dialog (Kapitel II, VBM 7), Konsultationen über und Kooperation bei ungewöhnlichen Aktivitäten (Kapitel III, VBM 3, 8, 13, 14, 15), regionale Maßnahmen (Kapitel X, VBM 12, 15) sowie Treffen zur Beurteilung der Umsetzung (Kapitel XI, VBM 3). Allerdings müsste der Charakter der VBM verändert werden, von freiwilligen – gegebenenfalls unter Ausschluss militärischer Aspekte – hin zu politisch verbindlichen, die sich direkt auf Cyberstreitkräfte beziehen. Somit könnten Teile der Kapitel I, II, III, IV, X und XI des Wiener Dokuments 2011 auf Cyberstreitkräfte übertragen werden. Mit Kreativität und politischem Willen könnten die Staaten den Umfang im Verlauf erweitern, neue VSBM hinzufügen oder sogar manche der Maßnahmen, die heute fast unmöglich scheinen, einschließen.

Tab. 1 Mögliche Cyber-VSBM in Parallelität zum Wiener Dokument von 2011

I. Austausch militärischer Information:
Cyberstreitkräfte: Organisation, Personalstärke, Cyberwaffen *(wäre sehr aufdringlich)*,
Planung zur Indienststellung *(wäre schwer zu definieren und umzusetzen)*

II. Verteidigungsplanung:
Cyber-Verteidigungspolitik und Doktrin, Streitkräfteplanung, Ausgaben/Haushalt, Klarstellung/Überprüfung/Dialog *(teilweise schon in OSZE-VBM enthalten)*

III. Verminderung der Risiken:
Konsultation und Zusammenarbeit in Bezug auf ungewöhnliche militärische Aktivitäten/gefährliche Zwischenfälle *(teilweise schon in OSZE-VBM enthalten)*, Besuche

IV. Kontakte:
Besuche, militärische Kontakte und Zusammenarbeit, Vorführung neuer Typen von Waffen und Gerät *(wäre sehr aufdringlich)*

V. Vorherige Ankündigung bestimmter militärischer Aktivitäten *(wäre sehr aufdringlich, schwer zu definieren und umzusetzen)*

VI. Beobachtung bestimmter militärischer Aktivitäten *(wäre sehr aufdringlich)*

VII. Jahresübersichten:
Militärische Cyberaktivitäten oberhalb von Schwellen *(wäre schwer zu definieren und umzusetzen)*

VIII. Beschränkende Bestimmungen:
Große Aktivitäten *(wäre schwer zu definieren und umzusetzen)*

IX. Einhaltung und Verifikation:
NTM (National Technical Means of Verification), Inspektionen *(wären sehr aufdringlich)*,
Überprüfungsbesuche *(wären sehr aufdringlich)*

X. Regionale Maßnahmen *(teilweise schon in OSZE-VBM enthalten)*

XI. Jährliches Treffen zur Beurteilung der Durchführung *(teilweise schon in OSZE-VBM enthalten)*

XII. Konfliktverhütungszentrum[2] *(gegenwärtig werden die OSZE-VBM durch das Transnational Threats Department abgewickelt, da diese nicht auf das Militär beschränkt sind)*

Quelle: Eigene Darstellung in Anlehnung an Altmann (2019a) und Pawlak (2016, Tab. 1).

Da der Cyberbereich global ist, sollten solche VSBM alle relevanten Staaten einbeziehen, das heißt fast universell gelten. Die OSZE als regionale Organisation wäre trotzdem sinnvoll, da mit Russland und USA zwei der drei größten Akteure dabei sind. Aber die Anwendungszone müsste global sein, das heißt, die Maßnahmen müssten für alle Cyberstreitkräfte der Mitgliedsstaaten gelten, unabhängig von ihren dauernden oder zeitweiligen geografischen Orten.

6 Ausblick

Cyber-VSBM wären ein erster Schritt. Was eigentlich nötig ist, sind echte Begrenzungen der Cyberrüstung. Man kann hoffen, dass positive Erfahrungen mit VSBM die Einführung von Cy-

---

[2] Das OSZE-Konfliktverhütungszentrum wurde nicht durch das Wiener Dokument eingerichtet, wird aber darin erwähnt.

berrüstungskontrolle erleichtern werden. Aber dafür sind noch erhebliche konzeptionelle Vorarbeiten erforderlich, sowohl was mögliche Begrenzungen als auch deren Verifikation angeht (vgl. Altmann 2019b, Reinhold und Reuter 2019a, b). Eine besondere Forschungslücke besteht bei informatikspezifischen Fragen. Synergien mit den schon stattfindenden Maßnahmen der zivilen IT-Sicherheit und Netzüberwachung können sicher eine große Rolle spielen.

Der internationalen IT-Sicherheit wäre schon erheblich gedient, wenn Staaten aufhören würden, Softwarelücken für die Nutzung durch ihre Geheimdienste und Streitkräfte zu schaffen, anzukaufen oder vorzuhalten. Stattdessen sollten sie Lücken, damit diese schnell geschlossen werden können, nach Bekanntwerden sofort den Herstellern melden und unmittelbar im Anschluss die Öffentlichkeit darüber informieren

Nötig ist ein grundsätzliches Umdenken bei den Staaten: die Verhinderung von Cyberkrieg und Cyberabrüstung müssen Vorrang vor der Kriegsvorbereitung haben. Dabei sind Initiativen der Zivilgesellschaft wichtig. Zum Beispiel hat das Forum InformatikerInnen für Frieden und gesellschaftliche Verantwortung in Deutschland dazu 14 Forderungen aufgestellt (vgl. FIfF 2018). Ein großer IT-Konzern hat sich für eine digitale Genfer Konvention ausgesprochen und sechs Normen vorgeschlagen (vgl. McKay et al. 2015; Charney et al. 2016). Viele Internetfirmen haben sich dem *Paris Call for Trust and Security in Cyberspace* angeschlossen (vgl. France 2019). Auch wenn gegenwärtig sogar schon abgeschlossene Rüstungskontrollverträge infrage gestellt werden – es gibt ein gemeinsames Interesse aller Staaten an einem funktionierenden Internet. Wie auch in allen anderen Rüstungsbereichen ist internationale Sicherheit nur als gemeinsame zu erreichen.

Literatur

Altmann, Jürgen. 2019a. Confidence and Security Building Measures for Cyber Forces. In *Information Technology for Peace and Security – IT Applications and Infrastructures in Conflicts, Crises, War and Peace*, hrsg. von Christian Reuter, 185–203. Wiesbaden: Springer Vieweg.

Altmann, Jürgen. 2019b. Natural-Science/Technical Peace Research. In *Information Technology for Peace and Security – IT Applications and Infrastructures in Conflicts, Crises, War and Peace*, hrsg. von Christian Reuter, 39–60. Wiesbaden: Springer Vieweg.

Altmann, Jürgen und Frank Sauer. 2017. Autonomous Weapon Systems and Strategic Stability. *Survival* 59 (5): 117–142.

Bundesministerium der Verteidigung (BMVg). o. J. Entwicklung des Organisationsbereichs bei der Bundeswehr. https://www.bmvg.de/de/themen/cybersicherheit/cyber-verteidigung/entwicklung-des-orgbereich-bei-der-bw. Zugegriffen: 30. März 2019.

Charney, Scott, Erin English, Aaron Kleiner, Nemanja Malisevic, Angela McKay, Jan Neutze und Paul Nicholas. 2016. From Articulation to Implementation: Enabling Progress on Cybersecurity Norms. https://query.prod.cms.rt.microsoft.com/cms/api/am/binary/REVmc8. Zugegriffen: 11. Dezember 2018.

Falliere, Nicolas, Murchu, Liam O. und Chien, Eric. 2011. W32. Stuxnet Dossier. Version 1.4. Cupertino: Symantec. https://www.symantec.com/content/en/us/enterprise/media/security_response/whitepapers/w32_stuxnet_dossier.pdf. Zugegriffen: 15. Mai 2019.

Forum InformatikerInnen für Frieden und gesellschaftliche Verantwortung (FIfF). 2018. Keine militärischen Operationen im Internet! https://cyberpeace.fiff.de/Kampagne/WirFordern. Zugegriffen: 11. Dezember 2018.

France. 2019. Cybersecurity: Paris Call of 12 November 2018 for Trust and Security in Cyberspace. https://www.diplomatie.gouv.fr/en/french-foreign-policy/digital-diplomacy/france-and-cyber-security/article/cybersecurity-paris-call-of-12-november-2018-for-trust-and-security-in. Zugegriffen: 14. Mai 2019.

Langner, Ralph. 2013. To Kill a Centrifuge – A Technical Analysis of What Stuxnet's Creators Tried to Achieve. http://www.langner.com/en/wp-content/uploads/2013/11/To-kill-a-centrifuge.pdf. Zugegriffen: 30. März 2019.

Lewis, James Andrew. 2013. Cybersecurity and Cyberwarfare: Assessment of National Doctrine and Organization. In *The Cyber Index – International Security Trends and Realities,* hrsg. von James A. Lewis und Götz Neuneck, 9–90. Geneva: UN Institute for Disarmament Research.

McKay, Angela, Jan Neutze, Paul Nicholas und Kevin Sullivan. 2015. International Cybersecurity Norms – Reducing Conflict in an Internet-Dependent World. https://download.microsoft.com/download/7/6/0/7605D861-C57A-4E23-B823-568CFC36FD44/International_Cybersecurity_%20Norms.pdf. Zugegriffen: 12. Januar. 2018.

Mele, Stefano. 2013. Cyber-Weapons: Legal and Strategic Aspects. Version 2.0. http://www.strategicstudies.it/wp-content/uploads/2013/07/Machiavelli-Editions-Cyber-Weapons-Legal-and-Strategic-Aspects-V2.0.pdf. Zugegriffen: 11. Dezember 2018.

Neuneck, Götz. 2013. Transparency and Confidence-Building Measures: Applicability to the Cybersphere? In *The Cyber Index – International Security Trends and Realities*, hrsg. von James A. Lewis und Götz Neuneck, 113–139. Geneva: UN Institute for Disarmament Research.

Organization for Security and Co-operation in Europe (OSCE). 2011. Vienna Document 2011 on Confidence- and Security-Building Measures. http://www.osce.org/fsc/86597); deutsch: http://www.osce.org/de/fsc/86599. Zugegriffen: 11. Dezember 2018.

Organization for Security and Co-operation in Europe (OSCE). 2016. OSCE Confidence-Building Measures to Reduce the Risks of Conflict Stemming From the Use of Information and Communication Technologies. Permanent Council Decision No. 1202. http://www.osce.org/pc/227281. Zugegriffen: 11. Dezember 2018.

Pawlak, Patryk 2016. Confidence-Building Measures in Cyberspace? Current Debates and Trends. In *International Cyber Norms: Legal, Policy & Industry Perspectives*, hrsg. von Anna Maria Osula und Henry Roigas, 129–153. Tallinn: NATO Cooperative Cyber Defence Centre of Excellence.

Reinhold, Thomas. 2017. Auswertung des Abschlussberichts des Aufbaustab Cyber- und Informationsraum, Update 06. https://cyber-peace.org/wp-content/uploads/2016/04/Mit-der-Ver%C3%B6ffentlichung-des-Abschlussbericht-Aufb_update06.pdf. Zugegriffen: 30. März 2019.

Reinhold, Thomas und Christian Reuter. 2019a. Arms Control and its Applicability to Cyberspace. In *Information Technology for Peace and Security – IT Applications and Infrastructures in Conflicts, Crises, War and Peace*, hrsg. von Christian Reuter, 207–231. Wiesbaden: Springer Vieweg.

Reinhold, Thomas und Christian Reuter. 2019b. Verification in Cyberspace. In *Information Technology for Peace and Security – IT Applications and Infrastructures in Conflicts, Crises, War and Peace*, hrsg. von Christian Reuter, 257–275. Wiesbaden: Springer Vieweg.

Ruhmann, Ingo. 2013. Cyber War: Will it define the Limits to IT Security? *International Review of Information Ethics* 20: 4–15.

Schmitt, Michael N. (Hrsg.). 2017. *Tallinn Manual 2.0 on the International Law Applicable to Cyber Operations*. 2. Aufl. Cambridge: Cambridge University Press.

Tikk, Eneken (Hrsg.). 2017. Voluntary, Non-Binding Norms for Responsible State Behaviour in the Use of Information and Communications Technology – A Commentary. https://www.un.org/disarmament/wp-content/uploads/2018/04/Civil-Society-2017.pdf. Zugegriffen: 11. Dezember 2018.

US Department of State. 2017. 2017 Report on Adherence to and Compliance With Arms Control, Nonproliferation, and Disarmament Agreements and Commitments. http://www.state.gov/documents/organization/270603.pdf. Zugegriffen: 14. Mai 2019.

Gerechter Frieden und Cybersicherheit
Wider die Rede vom Cyberwar

Torsten Meireis

1 Einleitung

In seinem Roman „Neuromancer" beschrieb William Gibson (1984), auf den unter anderem der Begriff des Cyberspace zurückgeht, Anfang der 1980er Jahre eine digitale Welt, in der Firmen die einzigen Ordnungsgaranten darstellen und in der aufgrund des omnipotent gewordenen Konkurrenzkonzepts ein Krieg aller gegen alle Realität ist. Weil sich die Akteure direkt über ihre Hirnströme mit dem Cyberspace verbinden – das Internet war damals noch gar nicht bekannt –, können elektronische Abwehrmechanismen gegen Eindringlinge in fremde Netze, sogenannte *Intrusion Countermeasure Electronics* (ICE), physische Schäden verursachen; solche Mechanismen werden dann „black ICE" genannt. Während die unmittelbare Verbindung von digitaler Vernetzung und individuellem physischem Schaden gegenwärtig noch nicht realisiert ist, erscheint das Narrativ eines digitalen Krieges aller gegen alle für viele Menschen neue Attraktivität zu entfalten.

Das militärische Framing, die kategoriale Einordnung digitaler Instrumentarien im Rahmen des Kriegsparadigmas, aber auch ihre Konzeptualisierung und Verwendung in diesem Zusammenhang werden in der Regel mit dem Begriff des Cyberwar bezeichnet (vgl. Neuneck 2017). Das Problem des Cyberwar scheint damit zunächst nur ein weiterer Schritt in der Wiederkehr einer durch die weltpolitische Lage plausibilisierten Sicht, die den Krieg als Fortführung der Politik versteht (vgl. Cornish et al. 2010, S. 12). In dieser Perspektive erscheint ein Ausgang von der Idee des gerechten Friedens schlechterdings als philosophisch-theologische Träumerei vergangener Zeiten, in denen kirchliche Protagonisten öffentlich die Hoffnung auf eine internationale Konflikteinhegung durch politisch-rechtliche Mechanismen (vgl. EKD 2007, Ziff. 85ff.) artikulieren konnten.

Demgegenüber scheint sich in Angriffen staatlich ausgestatteter Hacker, in den Risiken international verbreiteter Malware und in den schon jetzt möglichen elektronischen Angriffen etwa auf militärische Abwehreinrichtungen die Fortführung eines multipolaren Kalten Krieges anzudeuten. Ursula von der Leyen hatte dazu bereits eine „offensive Verteidigung" angekündigt (Die Zeit vom 5. April 2017), die auch eine offensive Militarisierung des Cyberspace implizieren dürfte. Aus der Sicht einer am Paradigma des gerechten Friedens orientierten Ethik ist diese Einschätzung aber nicht plausibel, sondern, so die hier vertretene These, in höchstem Maße friedensgefährdend.

Die Warnung vor einem militärischen Framing digitaler Bedrohungen, vor der Rede vom Cyberwar, bedeutet freilich keine Bagatellisierung der gegenwärtigen Friedensgefährdungen. Neben den schon länger schwelenden Krisenherden im Nahen und Mittleren Osten und den durch die Proliferation von Nuklearwaffen entstandenen Bedrohungen lassen sich aktuell drei unterschiedliche Problemkonstellationen ausmachen (vgl. Daase et al. 2018): Zum

Gerechter Frieden und Cybersicherheit 107

ersten hat sich durch die globale wirtschaftliche wie politische Entwicklung, die zunehmende Verbreitung hochentwickelter Technologien und die Verschiebung politischer Gewichte – auch durch den tendenziellen Rückzug der USA aus der Rolle des globalen Hegemons – eine neue Lage instabiler Multipolarität herausgebildet. Zweitens sind in einer Reihe von strategisch zentralen und militärisch hochgerüsteten Staaten autoritäre Regierungen an der Macht, die – auch aufgrund wirtschaftlicher Probleme und mangelnder Prosperität der Bevölkerung – innenpolitisch in nicht geringem Maß auf außenpolitische Machterweise angewiesen sind. Dabei erweist sich gerade die Kombination von wirtschaftlicher Schwächung und militärischer Aufrüstung als gefährlich. Drittens ist eine zunehmende Aushöhlung der politischen Nachweltkriegsordnung und ihrer völkerrechtlichen Institutionen durch die problematische Struktur des Vetoregimes in so zentralen Einrichtungen wie dem Sicherheitsrat der Vereinten Nationen zu beobachten.

Unbeschadet dieser nicht zu leugnenden Gefahren erweist sich die kategoriale Einordnung von Phänomenen wie der Disruption netzbasierter elektronischer Steuerungen durch DoS-Attacken, Viren etc. im Rahmen eines Cyberwar als problematisch, weil sie von Anfang an das Kriegsparadigma in Anschlag bringt und den „Krieg aller gegen alle" als zentrales und letztlich metaphysisches sozialanthropologisches Narrativ akzeptiert. Metaphysisch ist dieses Narrativ, weil anthropologisch sowohl die gewaltsame wie die nicht gewaltsame Konfliktbearbeitung zu den Möglichkeiten des Menschen gehört und die Annahme, dass gewaltsame Auseinandersetzungen und Kriege unüberwindbar seien, empirisch genauso wenig verifiziert wie falsifiziert werden kann. In christlicher Perspektive ist dieses metaphysische Narrativ aber nicht plausibel: In der offenbarungsbezogenen Sicht wird die Welt als gute Schöpfung verstanden. Der am Heil der Menschen interessierte, liebende Gott stellt in seinem Handeln an Israel und durch Jesus von Nazareth eine Überwindung von Gewalt und Opfer wirksam in Aussicht – und zwar gerade angesichts der unbestrittenen Macht der Sünde. In der Hoffnung auf das Reich Gottes können, dürfen und sollen Menschen schon jetzt im Horizont dieses Reiches leben; deswegen sind Anstrengungen zur Überwindung von Gewalt und der Institution des Krieges, etwa durch die Einhegung von Konflikten, nicht sinnlos (vgl. Huber 2012; Meireis 2012).

Überlässt man sich aber dem Kriegsparadigma, besteht die Gefahr, dass das Narrativ eines Krieges aller gegen alle als selbsterfüllende Prophezeiung wirkt. Dafür spricht, dass diese Konzeptualisierung in der Regel auch die Delegation an militärische Akteure mit sich bringt. Solche Akteure nehmen die Zusammenhänge dann mit der entsprechenden Organisations-, Sicherheits- und Militärlogik wahr, die Konfliktlösungen in aller Regel von der Vorstellung der Feindbekämpfung her bestimmt. Zudem dürfte eine Delegation an militärische Instanzen auch den Zugriff auf erhebliche nationalstaatliche Ressourcen nach sich ziehen – eine Aufrüstung im Cyberspace kann dann aber zu einer weitergehenden Eskalation des Rüstungswettlaufs beitragen, wie es etwa die Rezeption solcher technologischen Entwicklungen im Konzept einer „revolution in military affairs" (Ibbrügger 1998; Minkwitz 2003) nahelegt.

Das ändert freilich nichts daran, dass mit den benannten technologischen Entwicklungen national und international umzugehen ist, und zwar durchaus auch im Kontext der oben bereits benannten gegenwärtigen Friedensgefährdungen. Fraglich ist aber, welchen Phänomenen auf welcher Ebene durch welche Institutionen und Organisationen begegnet werden sollte und welche Mittel zur Abwehr welcher Bedrohungen angemessen sein könnten.

Der Beitrag analysiert die Problemlagen im Kontext der Konzeption des gerechten Friedens. Dabei ergibt sich eine dreifache Gliederung: Zunächst ist zu erörtern, wie die Phänomene, die im

Kontext der sogenannten Cyberwarfare betrachtet werden, überhaupt einzuordnen sind. Zweitens ist zu fragen, welche Institutionen zur Abwehr möglicher Bedrohungen infrage kommen. Drittens ist zu diskutieren, ob – und wenn ja in welchen Fällen – ein Einsatz rechtswahrender Gewalt zu erwägen ist.

2 *Framing the Issues* – zur kategorialen Einordnung der Phänomene

Niklas Schörnig hat in seinem Beitrag in diesem Band eine Einordnung vorgenommen, die Phänomene elektronischer Schädigung Dritter nach der Schadensschwere, den Tatmotiven, Urhebern und Begleitumständen klassifiziert. Danach rangiert auf unterster Stufe der belästigende, oft zivilgesellschaftlich motivierte *Hacktivism*, den man im günstigen Fall als Form zivilen Ungehorsams, im ungünstigen als groben Unfug an der Grenze zur Kriminalität verstehen kann. Gravierender ist die illegale und vorwiegend finanzielle Schädigung anderer zur Errichtung eigener finanzieller Vorteile, die Schörnig als Cybercrime beschreibt. Als noch problematischer erweisen sich der politisch motivierte Datendiebstahl (Cyberspionage) oder gar die politisch motivierte physische Schädigung anderer durch die Beeinträchtigung lebenswichtiger oder unfallträchtiger Infrastrukturen (Cyberterror). Die höchste Schädigungs- und Gefährdungsstufe ordnet Schörnig dem Cyberwar zu, den er staatlichen Akteuren mit dem Ziel der Herabsetzung der Verteidigungsfähigkeit eines anderen Staates zuschreibt und von dem er annimmt, dass er mit kinetischen Schädigungen einhergeht. In diesem Sinn beschreibt der Begriff Cyberwar zunächst nichts anderes als die Nutzung IKT-gestützter Systeme im Zusammenhang militärischen Handelns.

Allerdings sind alle Kategorisierungsaspekte verschiebbar, weil sich auch staatliche oder parastaatliche Akteure kriminell oder terroristisch engagieren können und kriminelle oder terroristische nichtstaatliche Akteure sich im Rahmen asymmetrischer oder hybrider Kriegführung entsprechender Mittel zu bedienen vermögen. Zudem sind die Kategorien der Schadensschwere und der Tatmotive fließend: Auch grober Unfug kann zu hochproblematischen Folgen führen, wie die Veröffentlichung der Privatunterlagen von Politikern durch einen spätpubertären Einzeltäter zeigt (vgl. Klingst et al. 2019). Damit ist aber die Konzeptualisierung elektronischer Schädigungen im Kriegsparadigma alles andere als selbstverständlich. Denn schließlich spielen die mit den Herausforderungen der elektronischen Schädigung verbundenen Probleme minimaler Vorwarnzeiten, schwieriger Attribution und maximaler Wirkasymmetrie (vgl. Ines-Jacqueline Werkner in diesem Band) in allen Schädigungskontexten eine zentrale Rolle. Genau deswegen spricht Werkner zu Recht von einer „Verschmelzung ziviler und militärischer Räume". Damit aber stellt sich einerseits die Frage, ob das militärische Paradigma eigentlich das zentrale und zielführende ist, um die Abwehr und Bekämpfung solcher Schädigungsformen zu thematisieren, und andererseits, ob militärisch ausgerichtete Organisationen und Institutionen die angemessenen Akteure zur Abwehr und Bekämpfung darstellen. Beide Fragen sind aber zu verneinen, weil davon auzugehen ist, dass Hacktivism, Cyberkriminalität und Cyberterrorismus als Phänomene ziviler Kriminalität auch schon rein empirisch von höherer Bedeutung sind als der Cyberwar, dass die Kooperation der Bürgerinnen und Bürger zur Stärkung des individuellen Schutzes zentral ist, dass die Sicherung elektronisch sensibler Infrastrukturen auch im zivilen Kontext organisierter Kriminalität oder politischem Terrorismus hohe Priorität genießen sollte und dass Forschung und Entwicklung vorrangig im privaten Sektor und auf Massenmärkten loziert sind, auf die sich auch militärische Forschungsagenturen wie DARPA stützen, zumal das Militär im Digitalbereich zunehmend auf kommerziell erhältliche Anwendungen zurückgreift (*components off the shelf*, COTS, vgl. Keller 2015). Damit wird die Frage militärischer Anwendung entsprechender Instrumente nicht unerheblich, aber sekundär. Insofern spricht zunächst viel dafür, die Fragen elektronischer Schädigung im Politik- und Rechtsparadigma statt im Kriegsparadigma zu behandeln. Hinzu kommt das Problem der erwartbaren Eigendynamik, wenn die Bearbeitung vorrangig militärischen Agenturen übertragen wird.

3 Zur institutionellen Analyse: Zivile oder militärische Sicherung vor elektronischen Schadagenten?

Geht man von einem Rechtsparadigma aus, muss in der Frage, wie mit elektronischen Schädigungen umzugehen ist, normativ geklärt werden, was auf welcher Ebene – privat-, öffentlich-, straf- und völkerrechtlich – als Rechtsübertretung gelten soll (vgl. den Beitrag von Leonhard Kreuzer in diesem Band). Dies betrifft Schädigungen im engen Sinne (etwa bei Sabotageakten durch Malware wie Stuxnet) wie solche in einer umfassenderen Bedeutung (etwa durch Desinformationspraktiken mittels *social bots*).

Während die völkerrechtliche Regelungsarchitektur trotz aller Probleme nicht einfach aufgegeben werden darf, stellt sich auch die Frage nach rechtlichen und institutionellen Vorkehrungen im Rahmen von Staatenverbünden (wie beispielsweise der EU) und Nationalstaaten. Der Blick auf Staatenverbünde ist in friedensethischer Perspektive insofern plausibel, da hier Handlungsperspektiven und wohletablierte zivile Beziehungen bestehen, auf die sich eine konzertierte zivile digitale Sicherungsstrategie stützen könnte.

Für eine zivile digitale Sicherungsstrategie, die von menschenrechtlichen Vorgaben auszugehen hätte, spricht neben dem Übermaß an Phänomenen, die nicht als Cyberwar zu klassifizieren sind, also einem *Problemschwerpunktargument,* auch die Angebotsseite, also ein *technologisches Kompetenzargument*. Entsprechende Verfahren und Technologien werden nämlich stärker im zivilen als im militärischen Bereich beforscht. Zudem steht die Effizienz und Effektivität militärischer, hierarchischer Organisation nicht außer Zweifel, wie die jüngsten Einsatzbereitschaftsberichte etwa der Bundeswehr zeigen (vgl. Gebauer 2019; BMVg 2018).

Dazu kommt ein *soziales Kompetenzargument*: Es steht friedensethisch zu befürchten, dass eine Strategie der Friedenssicherung durch Hochrüstung (*si vis pacem para bellum*), die die Frage der digitalen Sicherheit vorrangig militärisch organisiert, die Sicherheit letztlich nicht erhöhen, sondern vermindern würde. Sofern militärische Organisationen in dem Maß, in dem sie der Konstabulisierung nicht unterliegen – und von einer Verminderung der Verpolizeilichung ist angesichts der Fragilität der völkerrechtlichen Sicherheitsarchitektur gegenwärtig leider auszugehen –, ein Feindabwehrparadigma verfolgen, lässt sich fragen, ob solche Organisationen tatsächlich die beste Wahl zur Bearbeitung entsprechender Sicherheitsprobleme darstellen.

Militärische Organisationen operieren gemäß einer Gefechtsfeldlogik nie nur defensiv, sondern auch im Kontext von Gegenoffensivstrategien, wie auch die benannte Einlassung der Verteidigungsministerin zeigt. Angesichts der Attributions-, Asymmetrie- und Vorwarnzeitprobleme ergeben sich zugleich Gefahren von Eskalationsketten, Ausweitungsdynamiken auf unbeteiligte Staaten und Deeskalationshürden: Gegenangriffe können „gekaperte" Systeme eigentlich Unbeteiligter treffen, die dann ihrerseits Gegenmaßnahmen einleiten. *Hack-back*-Systeme können in menschlich unüberschaubar kurzen Zeithorizonten Eskalationen herbeiführen, die in physische Schädigungen führen (vgl. Niklas Schörnig in diesem Band). Angesichts der Unklarheit darüber, wann von einer Einstellung aggressiver Handlungen ausgegangen werden kann, wird eine zwischenstaatliche Deeskalation schwierig.

Physische Gewaltmittel, deren Anwendung nach wie vor zu den Kernkompetenzen militärischer Agenturen zählt, dürften zur Bearbeitung digitaler Sicherheitsprobleme angesichts der Attributions- und Asymmetrieproblematik auch technisch eher ungeeignet sein. Dies gilt jedenfalls dann, wenn im betreffenden Gebiet nicht schon eine lückenlose staatliche digitale Kontrolle nach dem Muster Chinas vorliegt – und in diesem Fall tötet die Medizin den Patienten, sorgt die Sicherheitslogik für die Beseitigung jener Freiheit und Partizipation, die sie nach demokratischem Verständnis zu schützen hätte. Zudem ist aufgrund der Sicherheits- und Hierarchielogik, mit der militärische Agenturen operieren, sowohl die demokratische Kontrolle als auch die Einbeziehung ziviler Akteure kein triviales Geschäft. Demokratische Kontrolle und der intensive Einbezug aller zivilen Akteurinnen und Akteure sind aufgrund der zivilen Verbreitung und Bedeutung entsprechender Technologien und Verfahren aber zentral, wenn die Sicherung nicht auf Kosten der Freiheit gehen und dennoch effektiv sein soll.

All diese Argumente sprechen aus friedensethischer Sicht dafür, den nicht zu leugnenden digitalen Bedrohungen durch eine *Strategie ziviler Sicherung* zu begegnen. Diese wäre – soweit möglich – international zu koordinieren (vgl. Neuneck 2017, S. 814) und sollte zivile Institutionen zur Aufklärung, Befähigung und Ermächtigung der Bürgerinnen und Bürger sowie polizeiliche Kräfte als zentrale institutionelle Akteure digitaler Sicherung vorsehen.

Dabei ist zu berücksichtigen, dass globale Vernetzungslogiken und abschottende Sicherungslogiken stets in Spannung zueinander stehen. Hier liegt freilich ein Problem vor, das für alle Digitalisierungszusammenhänge – wirtschaftliche, kulturelle, auf größere mediale Öffentlichkeiten wie soziale private Netzwerke bezogene – in gleicher Weise bedeutsam und damit auch nicht wirklich neu ist. Es wird entweder durch politische Vorgaben und Standards beziehungsweise private Vereinbarungen oder durch den bewussten Verzicht auf Vernetzungen und die sie möglichen Effizienzgewinne gelöst. Militärische Institutionen würden dann von den in solchen Kontexten gewonnenen Einsichten profitieren, ihnen käme aber letztlich in einer solchen Konzeption eine Nebenrolle zu. Sie kämen erst dann ins Spiel, wenn die Kriterien rechtswahrender Gewalt einen solchen Zugriff plausibilisierten. – Dies würde aber voraussichtlich die absolute Ausnahme bleiben.

4 Rechtswahrende Gewalt und Cyberwar?

Dass physische militärische Gewalt im Ausnahmefall Anwendung finden kann, wird auch in der christlichen Variante des *contingent pacifism* nicht bestritten. Hauptgrund ist eine doppelte Verantwortung. Sie besteht einerseits gegenüber Menschen, die ohne jede eigene Schuld Opfer massiver physischer Gewalt werden, andererseits gegenüber all jenen, die nicht auf eine christlich durchaus plausible, aber gegebenenfalls selbstgefährdende Haltung der Gewaltunterbrechung verpflichtet werden können (vgl. Huber 2012).

Die Kriterien eines möglichen, jedoch immer problematischen Gewalteinsatzes – ganz gleich ob in Widerstand, Notrecht, Polizei oder Militär – sind der Lehre vom gerechten Krieg entnommen, freilich durch die Theorie des gerechten Friedens in einem veränderten Rahmen rekonstruiert. Dabei steht nicht mehr das *ius ad bellum*, sondern die friedliche Regelung von Konflikten im Mittelpunkt der Aufmerksamkeit (vgl. EKD 2007, Ziff. 73 ff.). Ausnahmen vom physischen Gewaltverbot sind nur möglich, wenn schwerste, Leben und Recht bedrohende Übergriffe eines

Gewalttäters drohen, wenn Gewalt als äußerstes wirksames Mittel (*ultima ratio*) gelten muss, wenn also Strategien durch gewaltärmere Mittel nicht gewaltbeendend wirken und das Gewaltmittel unter Voraussetzung der Verhältnismäßigkeit von Mitteln und Folgen Erfolg verspricht, rechtlich geregelt ist, dem Friedensziel untergeordnet ist und das Unterscheidungsprinzip berücksichtigt (vgl. EKD 2007, Ziff. 102f.). Auch der Einsatz digitaler Instrumente in der Kriegführung (Cyberwar), der mit physischer Schädigung regelmäßig einhergeht, muss diesen Kriterien unterworfen sein; die offensive digitale Schädigung entspricht diesem normativen Prinzip genauso wenig wie ihre Vorbereitung.

5 Friedensethische Träumereien oder christlicher Realismus?

Angesichts der Tatsache, dass bereits von einem digitalen Rüstungswettlauf ausgegangen werden muss (vgl. Niklas Schörnig und Jürgen Altmann in diesem Band) und internationale Akteure die Frage digitaler Sicherheit wirksam im Kriegsparadigma konzeptualisieren (vgl. die Einführung von Ines-Jacqueline Werkner) und damit den Cyberwar zu einer sozial konstruierten Realität machen, mag eine Argumentation wie die hier entfaltete als friedensethische Träumerei erscheinen, die sich realer Verantwortung unter Wahrung eigener moralischer Vortrefflichkeit zu entziehen sucht. Ein solcher Vorwurf wäre nicht prinzipiell neu und ist im christlichen Kontext auch schon diskutiert worden (vgl. R. Niebuhr 1932; H. R. Niebuhr 1932).

Wie hier zu zeigen versucht wurde, trifft dieser Vorwurf aber nicht: Ebenso wie Positionen des Kriegsparadigmas, die den Krieg aller gegen alle als irreduzible und unbestreitbare *conditio humana* behaupten, beansprucht auch eine christliche friedensethische

Position ein Grundnarrativ, das sich empirisch weder beweisen noch widerlegen lässt, weil Menschen aller Erfahrung nach hoch ambivalent sind. Allerdings legt die friedensethische Position über die offenbarungstheologische und insofern unverfügbare Begründung erkenntnistheoretisch Rechenschaft ab und begnügt sich nicht mit der bloßen Versicherung ihrer Evidenz.

Auch wenn bei der Entwicklung von Technologien militärische Organisationen und Motive immer wieder eine wichtige Rolle spielten und spielen, sind diese in der Regel zumindest ambivalent und folgenoffen. So hat etwa das Internet trotz militärischer Abkunft die wichtigsten Konsequenzen im zivilen Raum gezeitigt: Ob der Cyberwar einen Mythos oder eine Realität darstellt (vgl. Ines-Jacqueline Werkner in diesem Band), hängt nun aber massiv von der sozialen und politischen Konstruktion des Phänomens ab. Werden elektronische Schädigungstechnologien vorrangig im Kriegszusammenhang thematisiert und wird die Sicherung davor vor allem militärischen Agenturen übertragen, droht der Cyberwar zur *self-fulfilling prophecy* zu werden.

In der Analyse der digitalen Bedrohungsszenarien und -phänomene überwiegen angesichts der angesprochenen Problemschwerpunktargumente sowie der technologischen und sozialen Kompetenzargumente solche, deren vorrangig militärische Konzeptualisierung und Bearbeitung keinen wirklichen Sicherheitsgewinn verspricht, zumal wenn die den militärischen Organisationen zugebilligte „spending power", die sich in der Möglichkeit zeigt, „das Tausendfache in das Design eines Angriffs [zu] investieren, ohne das als teuer zu empfinden" (Gaycken 2012, S. 93; zit. nach Werkner in diesem Band) zivil eingesetzt wird. Insofern könnte eine Politik der Gewaltunterbrechung, die der Eskalationslogik eines Rüstungswettlaufs zugunsten des Ausbaus ziviler, die Bürgerinnen und Bürger einbindender digitaler Sicherheitsinstrumentarien unter Rekurs auf polizeiliche Institutionen widerspricht, auch einer politischen Détente dienen, ohne dabei Aggressoren und Gewaltherrschern Carte blanche zu erteilen.

Gleichzeitig sind weitere Maßnahmen angezeigt: Während die völkerrechtliche Etablierung prozeduraler Standards zwischenstaatlicher Kooperation im Konfliktfall (vgl. Leonhard Kreuzer in diesem Band) gleichsam den Goldstandard und – von der Perspektive des gerechten Friedens her – im Sinne rechtlicher Bearbeitung von Konflikten das Ziel darstellt, kann sie doch angesichts der gegenwärtigen multipolaren Konfliktlage kaum als plausibler kurzfristiger Horizont gelten. Insofern liegen *due diligence* und menschenrechtliche Sicherungsstandards näher. Zusätzlich sind zwischenstaatliche vertrauensbildende Maßnahmen (VBM) ohne Zweifel notwendig (vgl. Jürgen Altmann in diesem Band), aber eben nicht hinreichend.

Wenn eine friedensethische Position an dieser Stelle einen christlichen Realismus vertritt, der Sünde und Gewaltneigung der Menschen nicht leugnet, aber den gerechten Frieden als sozial wirksamen Horizont versteht und das Tötungsverbot ernst nimmt, dann wären aus einer theologischen und möglicherweise kirchlichen Position, die dieser Sicht folgt, mindestens zwei Konsequenzen dringlich: Erstens wäre der *self-fulfilling prophecy* des Cyberwar unter Bezug auf den Realitätsgehalt der mit ihm einhergehenden Sicherheitsversprechungen und der ihm unterliegenden weltanschaulichen Narrative auch zivilgesellschaftlich argumentativ und erzählend entgegenzutreten, sind doch zentrale Aspekte der gegenwärtigen Digitalisierungsentwicklung vor allem unter Rekurs auf begleitende Narrative zu verstehen (vgl. Meireis 2019). Zweitens könnten kirchliche Akteurinnen und Akteure dazu beitragen, die zivilgesellschaftliche Beleuchtung der Debatte um kybernetische

Schädigungen in zweifacher Hinsicht mit zu initiieren[1]: einerseits bezüglich des Umgangs mit den Schädigungen durch unterschiedliche Akteure selbst, andererseits aber auch hinsichtlich der erwartbaren Folgen einer Bearbeitung durch militärische Organisationen. Der Begriff des Cyberwar sollte damit eher kritisch verwendet werden, damit die Tatsache, dass militärische Akteure auf den Einsatz neuer Technologien im Kriegsfalle nicht zu verzichten bereit sind, nicht zur interessierten Fiktion eines permanenten Kriegszustands in den digitalen Medien verzerrt wird.

Ohne die Gefahr eines digitalen – und aufgrund der Grenzenlosigkeit des Cyberraums unlimitierten – Krieges aller gegen alle geringzuschätzen, sollten christlich-kirchliche Akteure dem weltanschaulichen Narrativ, das diesen Krieg zur anthropologischen oder gar kosmologischen Grundbefindlichkeit erklärt, unter Rekurs auf die Versöhnungsperspektive entgegentreten: Wie der Ausflug zur Nekromantin von En-Dor (1. Sam 28,3-25) Saul nicht wirklich gut bekommen ist, sollten auch wir den „Neuromancer" William Gibsons nicht als Fundierungsnarrativ des digitalen Zeitalters verstehen, sondern den Roman als dasjenige Stück dystopischer und insofern warnender Fiktion ernst nehmen, als das ihn Gibson, der sich selbst als „Archäologe der Gegenwart" bezeichnet, versteht (vgl. Wegner und Gibson 2017; Wallace-Wells und Gibson 2011). Das christliche Fundierungsnarrativ hat es demgegenüber mit der Feindschaft überwindenden Kraft der Liebe Gottes zu tun.

---

1 Kirchen als zivilgesellschaftliche Organisationen können solche Debatten auf der Basis der in ihnen tradierten basalen Narrative natürlich bestenfalls mit initiieren, nicht exemplarisch führen.

Literatur

Bundesministerium der Verteidigung (BMVg). 2018. *Bericht zur materiellen Einsatzbereitschaft der Hauptwaffensysteme der Bundeswehr 2017. Anlage zu Parl Sts bei der Bundesministerin der Verteidigung Grübel 1980003-V07 vom 26. Februar 2018.* Berlin: BMVg.

Cornish, Paul, David Livingstone, Dave Clemente und Claire Yorke. 2010. *On Cyber Warfare. A Chatham House Report.* London: Chatham House.

Daase, Christopher, Tobias Debiel, Nicole Deitelhoff, Conrad Schetter und Ursula Schröder. 2018. *Kriege ohne Ende – mehr Diplomatie, weniger Rüstungsexporte. Friedensgutachten 2018.* Münster: LIT.

Die ZEIT. 2017. Bundeswehr startet neues Cyberkommando, Die ZEIT Online vom 5. April 2017. https://www.zeit.de/politik/deutschland/2017-04/ursula-von-der-leyen-cyber-kommando-bundeswehr-bundestag-hans-peter-bartels?print. Zugegriffen: 26. Juni 2019.

Evangelische Kirche in Deutschland (EKD). 2007. *Aus Gottes Frieden leben – für gerechten Frieden sorgen. Eine Denkschrift des Rates der Evangelischen Kirche in Deutschland.* Gütersloh: Gütersloher Verlagshaus.

Gebauer, Matthias. 2019. Geheimsache Einsatzbereitschaft, Spiegel Online vom 11. März 2019. https://www.spiegel.de/politik/deutschland/bundeswehr-einsatzbereitschaft-ursula-von-der-leyen-haelt-bericht-geheim-a-1257310.html. Zugegriffen: 25. Juni 2019.

Gibson, William. 1984. *Neuromancer*, New York: Ace Books.

Huber, Wolfgang. 2012. Legitimes Recht und legitime Rechtsgewalt in theologischer Perspektive. In *Gewalt und Gewalten. Zur Ausübung, Legitimität und Ambivalenz rechtserhaltender Gewalt*, hrsg. von Torsten Meireis, 225–242. Tübingen: Mohr Siebeck.

Ibrügger, Lothar. 1998. The Revolution in Military Affairs. Special Report to the NATO Parliamentary Assembly. http://www.iwar.org.uk/rma/resources/nato/ar299stc-e.html. Zugegriffen: 14. April 2019.

Keller, John. 2015. Use of COTS Components on the Rise in U.S. Military Communications and Surveillance Applications, Military and Aerospace Electronics. https://www.militaryaerospace.com/computers/article/16713912/use-of-cots-components-on-the-rise-in-us-military-communications-and-surveillance-applications. Zugegriffen: 10. März 2019.

Klingst, Martin, Mariam Lau, Yassin Musharbash, Holger Stark, Britta Stuff, Heinrich Wefing und Fritz Zimmermann. 2019. Ein Kinderspiel. https://www.zeit.de/2019/03/datendiebstahl-hacker-daten-politiker-sicherheitsluecken-internet-digitalisierung/komplettansicht. Zugegriffen: 20. März 2019.

Meireis, Torsten. 2012. Die Realität der Gewalt und die Hoffnung auf Frieden. Perspektiven des christlichen Umgangs mit Gewalt. In *Gewalt und Gewalten. Zur Ausübung, Legitimität und Ambivalenz rechtserhaltender Gewalt*, hrsg. von Torsten Meireis, 177–202. Tübingen: Mohr Siebeck.

Meireis, Torsten. 2019. „O daß ich tausend Zungen hätte". Chancen und Gefahren der digitalen Transformation politischer Öffentlichkeit – die Perspektive evangelischer Theologie. In *Digitaler Strukturwandel der Öffentlichkeit. Ethik und politische Partizipation in interdisziplinärer Perspektive*, hrsg. von Jonas Bedford-Strohm, Florian Hoehne und Julian Zeyher, 47–62. Baden-Baden: Nomos.

Minkwitz, Olivier. 2003. *Ohne Hemmungen in den Krieg? Cyberwar und die Folgen*. Frankfurt a. M.: HSFK.

Neuneck, Götz. 2017. Krieg im Internet? Cyberwar in ethischer Reflexion. In *Handbuch Friedensethik*, hrsg. von Ines-Jacqueline Werkner und Klaus Ebeling, 805–816. Wiesbaden: Springer VS.

Niebuhr, Helmut Richard. 1932. The Grace of Doing Nothing. *Christian Century* 49: 378–380.

Niebuhr, Reinhold. 1932. Must We Do Nothing? *Christian Century* 49: 415–417.

Wallace-Wells, David und William Gibson. 2011. The Art of Fiction No. 211. https://www.theparisreview.org/interviews/6089/william-gibson-the-art-of-fiction-no-211-william-gibson. Zugegriffen: 13. März 2019.

Wegner, Jochen und William Gibson. 2017. „Ich hoffe, wir sind nicht in negativen Utopien gefangen". https://www.zeit.de/zeit-magazin/leben/2017-01/william-gibson-science-fiction-neuromancer-cyberspace-futurist/komplettansicht. Zugegriffen: 13. März 2019.

Resilienz stärken und Vertrauen bilden statt den Cyberwar herbeireden
Überlegungen aus der Gesamtschau der vorliegenden Texte

Niklas Schörnig

Im Mai 2019 eskalierte erneut der Konflikt im Gaza-Streifen. Neu war allerdings, dass die israelischen Streitkräfte ein Haus bombardierten, das mutmaßlicher Sitz einer Hackergruppe der Hamas war. Auch wenn nur sehr wenig über den Fall bekannt ist, handelt es sich dahingehend um ein Novum, als die Berichterstattung suggeriert, der israelische Luftschlag habe praktisch zeitgleich mit dem Cyberangriff stattgefunden (vgl. Newman 2019). Experten diskutieren nun die Implikationen: Lag hier ein gerechtfertigter Akt der Selbstverteidigung vor oder verstieß der klassisch-physische Angriff gegen Proportionalitätsüberlegungen? Eines ist sicher: Ohne genauere und detailliertere Informationen ist eine rechtliche Beurteilung praktisch nicht möglich.

1 Der Cyberkrieg – ein seltenes Phänomen

Allerdings, und das haben auch die Texte in diesem Band gezeigt, ist nicht jeder Cybervorfall oder Cyberangriff ausreichend, um physische Gegenmaßnahmen zu rechtfertigen. Denn entgegen der landläufigen Meinung ist der Cyberbereich kein rechtsfreier Raum und auch dort ist das klassische Völkerrecht des *ius ad bellum* und *ius in bello* anzuwenden (vgl. den Beitrag von Leonhard Kreuzer in diesem Band). Entsprechend vorsichtig, und da sind sich die Autorinnen und Autoren in diesem Band einig, ist auch der Begriff des Cyberkrieges oder des Cyberwar anzuwenden. Denn Cyberoperationen, die tatsächlich die Charakterisierung als „Krieg" in einem klassischen Sinn der Verbindung virtueller und physischer Angriffe oder rein virtueller Angriffe mit umfangreicher physischer Schädigung verdienen, hat es praktisch noch nicht gegeben und ist auch ausgesprochen unwahrscheinlich (vgl. Rid 2017 sowie den Beitrag von Niklas Schörnig in diesem Band). Folgt man Giovanni Satoris Anweisung, dass Konzeptionalisierung jedweder Messung vorhergehen muss (vgl. Satori 1984), ergibt sich, dass eine inflationäre und undifferenzierte Verwendung des Kriegsbegriffes im Zusammenhang mit böswilligen Cyberoperationen nicht nur das Konzept des Cyberkrieges verwässert, sondern eine Identifikation oder gar quantitative Erfassung oder Bewertung „echter" Cyberkriege unmöglich macht. Gerade aber wenn es um Begriffe geht, an deren Nutzung oder Nicht-Nutzung die Frage des Einsatzes physischer Gewalt hängt, ist eine präzise Konzeptdefinition unabdingbar, denn, so Satori (1984, S. 22): „clear thinking requires clear language". Dies umso mehr, als ein breiter und entsprechend vager Cyberwar-Begriff eben auch politisch gebraucht oder missbraucht werden kann. Indem man prinzipiell unproblematische oder leicht abzufangende Vorfälle zum Cyberkrieg aufwertet, trägt man zu einer Eskalation und Destabilisierung bei (vgl. auch den Beitrag von Torsten Meireis in diesem Band). Dies gilt besonders für staatliche Stellen, aber auch für die Medien. Hier ist sehr schnell – eigentlich fast immer zu schnell – die Rede vom Cyberkrieg. Zwar zielt nicht jede Verwendung des Begriffs Cyberkrieg intentional auf Aufmerksamkeit oder Eskalation.

Aber gerade in einem Bedrohungsbereich, der nicht nur für viele Laien, sondern auch viele politische Entscheidungsträgerinnen und -träger noch viel schwieriger einzuschätzen ist als „klassische" militärische Bedrohungen, ist eine konzeptionell klare Sprache nicht nur vernünftig, sondern gar verpflichtend und verantwortungsbewusst. Umgekehrt bedeutet das für alle Interessierten, die sich ein eigenes Bild bestimmter Cybervorfälle machen wollen, dem Begriff des Cyberkrieges kritisch entgegenzutreten und ihn nicht blind zum Nennwert zu akzeptieren. Vor diesem Hintergrund scheint es sinnvoll, dem Beispiel von Leonhard Kreuzer und anderer Autoren in diesem Band zu folgen und im Zweifel statt des Begriffes Cyberkrieg die neutraleren Begriffe Cyberangriff oder Cyberzwischenfall zu verwenden.

2 Neue Herausforderungen durch Cybervorfälle

Allerdings zeigt die kritische Betrachtung des Phänomens „Cyber" in diesem Buch auch, dass Cybervorfälle klassische und etablierte Sicherheitsvorkehrungen in einem bislang nicht bekannten Maße herausfordern. Eines der oft genannten Stichworte ist in diesem Zusammenhang „Attribution", also die eindeutige Zuordnung eines Cybervorfalls zum Täter (vgl. den Beitrag von Christian Reuter et. al in diesem Band). Die Tatsache, dass es Angreifern im Internet zumindest bislang meist sehr gut gelang, ihre Spuren zu verwischen und damit einer Identifikation zu entgehen, stellt viele Sicherheitskonzepte der Vergangenheit vor große Probleme. Dies gilt zum Beispiel für das bekannte, und immer noch praktizierte sicherheitspolitische Konzept der Abschreckung (vgl. u. a. Jervis 1989): Aus Sicht der rationalistischen Abschreckungstheorie funktioniert Abschreckung dann am besten, wenn eine sichere

Zweitschlagsfähigkeit gegeben ist, man also einem Angreifer glaubhaft mit einem vernichtenden Gegenschlag („Zweitschlag") drohen kann. Ist der Angreifer aber gar nicht so schnell zu identifizieren, ehe schon bei einem selbst größte Schäden angerichtet sind, oder ist damit zu rechnen, dass der Angriff vom Territorium eines unbeteiligten Drittstaates ausgeführt wird, wird klassische Abschreckung unglaubwürdig (vgl. Lupovici 2011). Zwar ist inzwischen häufiger zu beobachten, dass Staaten nach Hackerangriffen eine Attribution vornehmen und gezielt Akteure bezichtigen, aber erstens kann es sich bei solchen Beschuldigungen durchaus um einen Testballon handeln, der bei der beschuldigten Partei eine Reaktion hervorrufen soll,[1] und zweitens ist erfolgreiche Attribution meist das Ergebnis einer Kombination von elektronischen und klassisch nachrichtendienstlichen Maßnahmen, und dementsprechend zeitaufwändig. Ist die Identifikation der Angreifer aber erst dann erfolgt, wenn die Angriffe aufgehört haben, liegt zumindest aus Sicht des Völkerrechts keine Rechtfertigung zur Selbstverteidigung vor. Ein Gegenschlag ist dann rechtlich nicht mehr zulässig, weil es sich nicht um Verteidigung, sondern um Vergeltung handeln würde (vgl. den Beitrag von Leonhard Kreuzer in diesem Band). Deshalb fällt immer häufiger der Begriff des autonomen *hack-back*, worunter Algorithmen zu verstehen sind, die bei einem detektierten Angriff automatisch und ohne menschliche Bestätigung abzuwarten, einen Gegenangriff vollziehen und die Computerinfrastruktur des Angreifers (oder die, von der der Angriff ausgeführt wird) zerstören (vgl. Scharre 2018, 223–224). Hier berühren sich, wie Jürgen Altmann in seinem Text feststellt, die Bereiche autonomer Waffen mit all ihren Gefahren (vgl. auch Altmann und Sauer 2017; Scharre 2018; Altmann 2019)

---

1 Persönliches Gespräch mit einem Angehörigen einer westlichen Streitmacht.

und des Cyberraums. Angesichts der Tatsache, dass Angriffe über die Systeme unbeteiligter Dritter oder zivile Computersysteme ablaufen können, beinhaltet die Fähigkeit eines autonomen und von Menschen nicht zu kontrollierenden virtuellen Gegenschlags ein enormes Gefährdungs- und Destabilisierungspotenzial.

3 Cyberangriffe: Staatliche und nichtstaatliche Akteure

Das eingangs zitierte Beispiel zeigt, dass Cyberoperationen nicht nur von staatlichen Akteuren ausgehen müssen, sondern auch von nichtstaatlichen Gewaltakteuren durchgeführt werden können. Allerdings gilt hier vermutlich auch wie in der physischen Welt, dass die Fähigkeiten terroristischer Akteure, Gewaltaktionen durchzuführen, die einen Staat derart in seinen Grundfesten erschüttern können, dass dieser seinen Funktionen nicht mehr nachkommen kann, ausgesprochen limitiert sind (vgl. Mearsheimer 2001, S. 372). Selbst die USA waren trotz des erfolgreichen Angriffs auf die Türme des *World Trade Centers* und des Pentagon am 11. September 2001 sofort in der Lage, Afghanistan militärisch anzugreifen (vgl. Müller 2001). Die in diesem Band genannten Beispiele erfolgreicher Cyberangriffe wie zum Beispiel Stuxnet (vgl. die Beiträge von Jürgen Altmann, Niklas Schörnig und Christian Reuter et. al. in diesem Band) zeigen, welch umfangreiche und kostenträchtige Vorbereitungen gezielte Cyberangriffe benötigen. Ohne die Ressourcen eines oder mehrerer Staaten im Hintergrund ist ein Cyberkrieg, vielleicht sogar auch umfangreicher Cyberterrorismus, praktisch nicht denkbar. Das Szenario einsamer, politisch unabhängiger Akteure ist nicht unmöglich, wie der Fall des deutschen Hackers, der intime Details unliebsamer

Politikerinnen und Politiker veröffentlichte,[2] zeigt. Je schwerer aber die Cybervorfälle sind, umso unwahrscheinlicher wird das Szenario einsamer Hacker, krimineller Organisationen oder vom Staat unabhängig agierender „patriotischer" Hackergruppen, wie zum Beispiel die berühmt-berüchtigte russische Gruppe „Fancy Bear", bei der inzwischen deutliche Anzeichen einer Verbindung zum russischen Geheimdienst aufgezeigt wurden (vgl. Lapenkova 2018). Dies ist insoweit problematisch, als staatlich unterstützten oder organisierten Hackern eben die zitierten umfangreichen staatlichen Ressourcen zur Verfügung stehen. Gleichzeitig legt dies die Verantwortung für solche Vorfälle und die Möglichkeit, regelnd einzugreifen, eben auch in staatliche Hände. Gerade vor dem Hintergrund, dass es im Cyberbereich, wie noch zu diskutieren sein wird, Rüstungskontrolle und Vertrauensbildung Not tut, ist die Tatsache, dass die zentralen Akteure Staaten sind, letztlich positiv zu bewerten. Denn die Geschichte der Rüstungskontrolle zeigt, dass es ungleich schwerer ist, nichtstaatliche Akteure zu Rüstungskontrolle zu bewegen.

4 Cyber und Rüstungskontrolle

Allerdings zeigt der Bereich Cyber auch exemplarisch, wie schwierig es geworden ist, klassische Konzepte der Rüstungskontrolle auf neue Technologien anzuwenden. So ist die aktuelle weltpolitische Lage an sich schon ausgesprochen rüstungskontrollfeindlich und der politische Wille, mit den Instrumenten der Rüstungskontrolle Transparenz und Stabilität zu erzeugen, praktisch erloschen. Hinzu

---

2 Vgl. https://www.welt.de/politik/deutschland/article186533478/ Massiver-Diebstahl-Datenleck-betrifft-deutsche-Politiker-aller-Ebenen-auch-Merkel.html. Zugegriffen: 21. Juni 2019.

kommt aber, dass die neuen zu kontrollierenden Technologien der Rüstungskontrolle selbst bei größerem politischem Willen enorme Hürden auferlegen. Denn während es früher ausreichte, vereinfacht gesprochen, Waffensysteme verschiedener Akteure zu zählen und so zu Paritäten und stabilen Gleichgewichten zu gelangen, wird die Qualität moderner Waffensysteme zunehmend von der dem System eigenen Software und nicht mehr von der Hardware bestimmt (vgl. Schörnig 2015 sowie den Beitrag von Jürgen Altmann in diesem Band). Software entzieht sich aber weitgehend klassischen Transparenzmaßnahmen. Konnte man von den physischen Eigenschaften eines Waffensystems zumindest grob auf die Leistungsfähigkeit im militärischen Sinne schließen (Reichweite, Traglast etc.), ist Software deutlich schwieriger zu beurteilen. Dies gilt umso mehr, wenn es sich nicht um die Steuersoftware eines physischen Systems handelt (bei dem die physischen Eigenschaften immer noch limitierenden Charakter haben), sondern ausschließlich um Software im Rahmen von Cyberwaffen. Ohne tiefere Kenntnisse eines Programms ist es auch Expertinnen und Experten oft unmöglich, die Fähigkeiten und Probleme einer Software zu beurteilen. Anders gesprochen: Sollte Software inspiziert und der Verzicht auf bestimmte Funktionen verifiziert werden, wäre es im Rahmen des Überprüfungsprozesses notgedrungen notwendig, tief in das System einzudringen und so die technischen Geheimnisse der Software offenzulegen. Dass Staaten solche intimen Einblicke in ihre Verteidigungsmaßnahmen zulassen, ist fraglich.[3] Aber auch für die überprüfende Partei ist nicht klar, ob Verifikation überhaupt zielführend wäre. Denn Software lässt sich viel einfacher, schneller und kostengünstiger durch neue Versionen ersetzen,

---

3 Während Jürgen Altmann hier eine recht pessimistische Sicht – die der Autor dieses Artikels teilt – vertritt, sind Christian Reuter et al. hier optimistischer (jeweils in diesem Band).

so dass praktisch direkt nach der Überprüfung ein Update die Verifikationserkenntnisse zunichtemacht.

Jürgen Altmann argumentiert entsprechend, dass angesichts der Probleme klassischer verifizierter Rüstungsbegrenzung im Cyberbereich der Schwerpunkt auf Vertrauens- und Sicherheitsbildenden Maßnahmen, sogenannten VSBMs, liegen sollte. Solche Maßnahmen sind zwar auch noch dem Instrumentenkasten des Kalten Krieges entlehnt, sie scheinen aber aktuell der realistischste Ansatz, Cyberrüstung überhaupt mit einschränkenden Maßnahmen beziehungsweise der verifizierbaren Rüstungskontrolle „vorgeschalteten" Schritten beizukommen. Immerhin gibt es eine nicht unerhebliche Anzahl von Initiativen, die die Vertrauensbildung im Cyberbereich, speziell zwischen den großen Akteuren, voranbringen (eine Übersicht bietet der Beitrag von Jürgen Altmann in diesem Band). Allerdings muss man auch hier feststellen, dass, wie bei Rüstungskontrolle allgemein, die Chancen der Vertrauensbildung umso geringer sind, je schlechter es um die Beziehungen zwischen den einzelnen Akteuren steht (vgl. Müller 1996). So zählen aktuell schon kleinste Fortschritte.

5 Die Gefahren offensiver Planung

Dies gilt umso mehr, als es einen militärischen Trend hin zu offensiven Cyberoperationen zu geben scheint, der einer Vertrauensbildung, von konkreten Rüstungskontrollmaßnahmen ganz zu schweigen, entgegenläuft. Allein das Vorhandensein offensiver Cyberfähigkeiten und die Möglichkeit offensiver Operationen erhöht die Gefahr möglicher Fehlattributionen, Missverständnisse oder bewusster Fehlinformationen. Neben den großen Akteuren zeigt sich zum Beispiel auch Deutschland an solchen offensiven Optionen interessiert. So argumentierte die deutsche Bundesregierung unter der Federführung von Verteidigungsministerin Ursula von der Leyen im 2016 erschienenen Weißbuch der Bundeswehr zum Beispiel, im Cyber- und Informationsraum bedürfe es „defensiver und offensiver Hochwertfähigkeiten, die es kontinuierlich zu beüben und weiterzuentwickeln" (BMVg 2016, S. 93) gelte. 2018 wurde das Zentrum für Cyberoperationen gegründet, das, so die Website der Bundeswehr, „künftig die offensiven Cyber-Kräfte der Bundeswehr"[4] stellt. Auch wenn man fairerweise eingestehen muss, dass weite Teile des Weißbuchs defensive Maßnahmen und die Stärkung der Resilienz der Netze beinhalten, ist der Verweis und die Aufstellung offensiver Cyberfähigkeiten durchaus erklärungsbedürftig. Denn was genau unter offensiven Cybermaßnahmen zu verstehen ist, ist unklar. Einen Hinweis gibt ein Artikel von Spiegel Online, der über eine deutsche offensive Cyberoperation in Afghanistan berichtet, die schon im Herbst 2015 stattfand. Damals, so der Bericht, hackten sich Expertinnen und Experten der Bundeswehr mutmaßlich in das afghanische Mobilfunknetz ein, um Informationen über eine entführte deutsche Entwicklungshelferin zu erhalten.[5] Inwieweit der Artikel den Tatsachen entspricht, ist nur schwer zu beurteilen. Auch eine kleine parlamentarische Anfrage der Fraktion Bündnis 90/die Grünen zu den „Aktivitäten der Bundeswehr im digitalen Raum und gesetzgeberische Maßnahmen der Bundesregierung" aus dem Jahr 2018 (Drucksache 19/3420) brachte zumindest öffentlich keine neuen Erkenntnisse. Die Bundesregierung klassifizierte ihre Antwort auf eine konkrete Frage (Frage 29) zu weiteren Aktivitäten „im Rahmen derer in fremde oder gegnerische Netze eingegriffen oder gewirkt wurde"

---

4 https://t1p.de/hisj. Zugegriffen: 24. Juni 2019.
5 Vgl. http://www.spiegel.de/politik/ausland/cyber-einheit-bundeswehr-hackte-afghanisches-mobilfunknetz-a-1113560.html. Zugegriffen: 24. Juni 2019.

mit Hinweis auf „das Staatswohl" als Verschlusssache. Auf der Webseite des *Council on Foreign Relations* wird der Bundesregierung von Matthias Schulze und Sven Herpig vorgeworfen, zwar offensive Cyberfähigkeiten zu verfolgen, gleichzeitig aber keine kohärente Strategie für den Einsatz zu besitzen.[6] Besonders kritisch gilt es zu schauen, wenn normative Argumente für offensive Cyberoperationen ins Feld geführt werden. Ein einschlägiger Artikel der Süddeutschen Zeitung von 2017 zitiert den Inspekteur Cyber- und Informationsraum der Bundeswehr Ludwig Leinhos mit den Worten: „Wir bekommen eine Option, die Menschenleben schont". Dieses aus der Diskussion zu Drohnen oder autonomen Waffen hinlänglich bekannte Argument ist gerade in westlichen Demokratien eines, das besonders gerne zur Legitimation neuer Waffensysteme herangezogen wird, auch wenn immer wieder kritisch auf die Gefahren einer sinkenden Hemmschwelle im Einsatz oder die Gefahr einer nicht-intendierten Eskalation verwiesen wird (vgl. u. a. Schörnig 2001; Sauer und Schörnig 2012). Gerade die hohe Wahrscheinlichkeit, dass ein Cyberkonflikt in physische Gewalt mündet, macht ihn auch aus der Sicht rechtswahrender Gewalt höchst problematisch (vgl. den Beitrag von Torsten Meireis in diesem Band).

6 Was tun? Resilienz, Defensive und Bewusstsein stärken

Torsten Meireis argumentiert in seinem Beitrag in diesem Band, dass auch im Rahmen einer kritischen Auseinandersetzung mit

---

6 Vgl. https://www.cfr.org/blog/germany-develops-offensive-cyber-capabilities-without-coherent-strategy-what-do-them. Zugegriffen: 24. Juni 2019.

dem Phänomen Cyberwar nicht zu einer „Bagatellisierung der gegenwärtigen Friedensbedrohungen und Gefahren" kommen dürfe. Vielmehr seien diese Gefahren „kaum zu unterschätzen". Nimmt man das Thema ernst und lehnt gleichzeitig offensive Gedankenspiele ab, ergibt sich fast zwangsläufig der Fokus auf die Stärkung der Defensive und Widerstandsfähigkeit zentraler sicherheitsrelevanter Netze und Infrastrukturen, mit dem Ziel die Risiken von Schwachstellen und Bedrohungen zu minimieren (vgl. den Beitrag von Reuter et. al in diesem Band). Gerade wenn es um die Sicherheit und Widerstandsfähigkeit kritischer IT-Infrastruktur geht, darf keine „Geiz ist geil!"-Mentalität herrschen. Insbesondere sollten nur vertrauenswürdige Hersteller am Aus- und Aufbau von IT-Strukturen beteiligt sein. Eine unabhängige Prüfstelle für ein IT-Sicherheitszertifikat (analog eines TÜV-Zertifikats) ist ebenso denkbar wie der Verzicht auf „Monokulturen" gleicher Betriebssysteme in sicherheitsrelevanten Organisationen (vgl. den Beitrag von Christian Reuter et. al. in diesem Band). Auch sollte eine internationale Übereinkunft angestrebt werden, dass Geheimdienste sogenannte *Zero-Day Exploits*, also Fehler und Angriffspunkte, die dem Hersteller der Software oder des Betriebssystems selbst bislang unbekannt waren, nicht für ihre Zwecke geheim halten dürfen. Es gibt also viele, für sich genommen gar nicht so spektakuläre, Möglichkeiten, den potenziellen Gefahren von Cyberoperationen etwas entgegenzusetzen. Peter Singer und Allan Friedman (2014, S. 63) verweisen zum Beispiel darauf, dass es bei ernsthaften Bedrohungen nicht ausreichend sei zu versuchen, den Angreifer aus dem System zu halten, sondern zusätzlich durch eine Verschlüsselung sensibler Daten auch einen erfolgreichen Einbruch zu entwerten. Am wichtigsten aber ist es, und da scheint unter der Autorin und den Autoren in diesem Band Einigkeit zu bestehen, verbal abzurüsten und sich der verbalen Eskalationsspirale mit klaren und differenzierten Konzepten entgegenzustellen.

Literatur

Altmann, Jürgen. 2019. Autonome Waffensysteme – der nächste Schritt im qualitativen Rüstungswettlauf? In *Unbemannte Waffensysteme und ihre ethische Legitimierung*, hrsg. von Ines-Jacqueline Werkner und Marco Hofheinz, 125–154. Wiesbaden: Springer VS.

Altmann, Jürgen und Frank Sauer. 2017. Autonomous Weapon Systems and Strategic Stability. *Survival* 59 (5): 117–142.

Bundesministerium der Verteidigung (BMVg). 2016. *Weißbuch zur Sicherheitspolitik und zur Zukunft der Bundeswehr*. Berlin: BMVg.

Jervis, Robert. 1989: Rational Deterrence: Theory and Evidence. *World Politics* 41 (2): 183–207.

Lapenkova, Marina. 2018. Russia's hackers long tied to military, secret services. https://www.timesofisrael.com/russias-hackers-long-tied-to-military-secret-services/. Zugegriffen: 21. Juni 2019.

Lupovici, Amir. 2011. Cyber Warfare and Deterrence: Trends and Challenges in Research. *Military and Strategic Affairs* 3 (3): 49–61.

Mearsheimer, John J. 2001. *The Tragedy of Great Power Politics*. New York: W. W. Norton.

Müller, Harald. 1996. Von der Feindschaft zur Sicherheitsgemeinschaft. Eine neue Konzeption der Rüstungskontrolle. In *Eine Welt oder Chaos? Friedensanalysen*, hrsg. von Berthold Meyer, 399–426. Frankfurt a. M.: Suhrkamp.

Müller, Harald. 2001. *Den Schock verarbeiten. Nach dem 11. September - von der Sprache des Terrors zu politischen Handlungsoptionen.* Frankfurt a. M.: HSFK.

Newman, Lily Hay. 2019. What Israel's Strike on Hamas Hackers Means for Cyberwar. https://www.wired.com/story/israel-hamas-cyberattack-air-strike-cyberwar/. Zugegriffen: 22. Juni 2019.

Rid, Thomas. 2017. *Cyber War Will Not Take Place*. Oxford: Oxford University Press.

Satori, Giovanni. 1984. Guidelines for Concept Analysis. In *Social Science Concepts: A Systematic Analysis*, hrsg. von Giovanni Satori, 15–85. London: Sage.

Sauer, Frank und Niklas Schörnig. 2012. Killer Drones – The Silver Bullet of Democratic Warfare? *Security Dialogue* 43 (4): 363–380.

Scharre, Paul. 2018. *Army of None. Autonomous Weapons and the Future of War*. New York: WW Norton.

Schörnig, Niklas. 2001. *Demokratischer Frieden durch überlegene Feuerkraft?* Frankfurt a. M.: HSFK.
Schörnig, Niklas. 2015. From Quantitative to Qualitative Arms Control: The Challenges of Modern Weapons Development. In *Global Trends 2015. Prospects for World Society*, hrsg. von Michèle Roth, Cornelia Ulbert und Tobias Debiel, 87–100. Bonn: Stiftung Entwicklung und Frieden.
Singer, Peter W. und Allan Friedman. 2014. *Cybersecurity and Cyberwar: What Everyone Needs to Know*. Oxford: Oxford University Press.

Autorinnen und Autoren

Larissa Aldehoff, M.A., Wissenschaftliche Mitarbeiterin und Doktorandin am Lehrstuhl Wissenschaft und Technik für Frieden und Sicherheit im Fachbereich Informatik an der Technischen Universität Darmstadt

Jürgen Altmann, Dr. rer. nat. habil., Privatdozent am Lehrstuhl Experimentelle Physik 3 der Technischen Universität Dortmund

Marc-André Kaufhold, M.Sc., Wissenschaftlicher Mitarbeiter und Doktorand am Lehrstuhl Wissenschaft und Technik für Frieden und Sicherheit im Fachbereich Informatik an der Technischen Universität Darmstadt

Leonhard Kreuzer, Wissenschaftlicher Mitarbeiter am Max-Planck-Institut für ausländisches öffentliches Recht und Völkerrecht und Doktorand an der Freien Universität Berlin.

Torsten Meireis, Dr. theol. habil., Professor für Systematische Theologie mit dem Schwerpunkt Ethik und Hermeneutik an der Theologischen Fakultät der Humboldt-Universität zu Berlin sowie Direktor des Berlin Institute for Public Theology

Thomas Reinhold, Dipl.-Inf., Wissenschaftlicher Mitarbeiter und Doktorand am Lehrstuhl Wissenschaft und Technik für Frieden und Sicherheit im Fachbereich Informatik an der Technischen Universität Darmstadt

Christian Reuter, Dr. rer. pol., Professor für Wissenschaft und Technik für Frieden und Sicherheit im Fachbereich Informatik an der Technischen Universität Darmstadt

Thea Riebe, M.A., Wissenschaftliche Mitarbeiterin und Doktorandin am Lehrstuhl Wissenschaft und Technik für Frieden und Sicherheit im Fachbereich Informatik an der Technischen Universität Darmstadt

Niklas Schörnig, Dr. phil., Wissenschaftlicher Mitarbeiter am Leibniz-Institut Hessische Stiftung Friedens- und Konfliktforschung in Frankfurt a.M.

Ines-Jacqueline Werkner, Dr. rer. pol. habil., Friedens- und Konfliktforscherin an der Forschungsstätte der Evangelischen Studiengemeinschaft e. V. in Heidelberg und Privatdozentin am Institut für Politikwissenschaft an der Goethe-Universität Frankfurt a. M.

The manufacturer's authorised representative in the EU is Springer Nature Customer Service Centre GmbH, Europaplatz 3, 69115 Heidelberg, Germany. If you have any concerns regarding our products, please contact ProductSafety@springernature.com

Printed and bound by CPI Group (UK) Ltd, Croydon, CR0 4YY

25/03/2026

02078218-0001